Guia politicamente incorreto de literatura, rock e outras drogas

Vol. 1

Mauro Marcel

À Glory, porque o
amor é possível e a Fábio
Santos Santanna, porque a
amizade verdadeira nunca
será impossível.

"A opinião é um adversário
infernal que conta com a cumplicidade, enfim, da própria
vítima".

Raul Pompéia

Por que estudar literatura?

Monteiro Lobato é racista?

Como surgiu o Rock'n roll?

O que é e por que estudar o Romantismo

Axé, funk e outras drogas

Por que Harry Potter não é literatura?

O que é ser burro e alienado?

Doutrinação ideológica, escola sem partido e Educação Moral e Cívica

Análise do disco "Sobrevivendo no inferno" dos Racionais MCs – Leitura obrigatória na Unicamp 2019

Dez livros que você não vai ler, mas deveria.

O que é o Realismo/Naturalismo?

Por que os roqueiros usam o cabelo comprido?

Retrospectiva sob minha perspectiva

Por que o funk é arte moderna?

Hipster babaca

Por que o Brasil não vence mais as copas do mundo?

Qual o movimento literário de agora, século XXI?

O que é e por que estudar o Parnasianismo?

Proteção às mulheres.

Vai dar tudo certo.

Por que estudar literatura?

Primeiramente literatura não é a coisa mais importante do mundo. Não vou ser capaz de enumerar quais sejam, mas posso garantir que comida, saúde, moradia e paz estão com certeza no topo de qualquer lista. Ou deveriam estar caso fôssemos contar o que realmente importa para uma vida com um mínimo de dignidade: morar com segurança e fazer três refeições diárias não deveria (e não deve) ser negado a ninguém. Dito isto sigo a outro parágrafo.

A literatura nasceu com as pessoas de barriga cheia.

Gosto de imaginar que depois de uma caçada, lá quando já tinham criado a fala, dominado o fogo e inventado a roda, os homens das cavernas com a barriga entupida de mamute começaram a contar um para o outro o que tinha sido feito pra que aquele jantar estivesse na mesa (vamos dizer que já houvesse algo que poderia ser chamado de mesa) pois bem: o cara de barba até o peito disse que aquele mamute estava bom, mas não era nada se comparado com um outro que eles tinham caçado há duas luas atrás, ou àquele que ele havia caçado sozinho, mas que todos sabiam que ele apenas havia pego os restos deixados por algum animal, este sim o verdadeiro caçador do dito mamute iguaria dos deuses.

O outro homem das cavernas de barba até o umbigo disse que seu pai quando ele ainda era uma criancinha havia caçado um mamute que tinha asas e que o caçou montado nas costas de uma águia ainda maior que o extinto descendente dos nossos elefantes. Pois bem, surgia assim a necessidade do homem de passar suas experiências e no meio do caminho inventar um monte de mentiras.

Essas mentiras são conhecidas hoje com o nome de ficção e ao longo dos séculos a forma como eram contadas foi se alterando junto com o modo de vida das pessoas: suas crenças, o trabalho, o ócio, fome, fartura.

Não apenas o modo como também os temas foram se modificando, se solidificando, ruindo, desaparecendo, sendo retomados ao longo do tempo. Algumas destas histórias deram origens a crenças, outras ajudaram a destruir impérios.

Nunca duvide do poder da literatura: a própria forma como imaginamos o inferno veio de um livro chamado "A divina comédia" de Dante. Antes dessa obra o inferno era apenas uma ideia abstrata. Dante teve a audácia de dar a cada pecado e pecador uma forma visível, tudo criado por sua mente, e isso foi tão revolucionário à época que os padres quando tinham de descrever quais eram os tormentos eternos recorriam a esta narrastiva que logo passou para o imaginário coletivo como o próprio real inferno.

Mas não é este o tema deste artigo, o título não é "como surgiu a literatura", mas "por que estudá-la".

Sei que dei uma volta enorme, mas espere com um pouco de paciência que chego lá.

O que fez o homem das cavernas inventar histórias foi o mesmo que o fez desenhar nas paredes. (Devo admitir que aqui cabe uma dose enorme de especulação, mas quero fazer ter sentido isso tudo). Afinal me diga você por que alguém pinta a parede da própria casa e coloca um quadro pendurado entre uma janela e um vaso de porcelana? Por que você conta a história do seu primeiro beijo pros seus amigos quando volta daquele encontro exagerando nos detalhes? (muitos deles mentirosos, mas que se dane, como dizer que foi mentira sendo que apenas você e o outro lado do beijo sabem a história real)

Como no conto de Machado de Assis "Noite de Almirante", nele o personagem marinheiro Deolindo espera ter uma noite de amor com a amada que deixou em terra após seis meses de espera. Diz aos seus companheiros de bordo que terá uma noite espetacular, uma verdadeira noite de almirante. Ao encontrar sua amada Genoveva descobre que foi trocado e ao voltar ao barco em vez de contar sua frustrante experiência, prefere mentir. Por que diria a verdade numa situação como essas?

Então.

A literatura é uma das formas de expressão humana conhecida como arte, assim como a pintura, arquitetura, escultura, música, teatro. Assim podemos não fazer a pergunta envolvendo apenas a literatura, mas envolvendo todas as artes. Por que se estuda arte?

Mais longe podemos ir. Podemos perguntar: por que se produz arte?

Por que um rapaz no século XIII decidiu escrever um poema com o eu lírico feminino e dizer que estava sofrendo por seu amado que partira? Por que um inteligente esquisito de óculos inventou um monte de heterônimos e deu a cada um uma personalidade e escreveu com a personalidade de cada uma porção de poemas geniais? Por que as pessoas saem de casa e gastam uma fortuna para assistirem no teatro a uma peça escrita por um maluco inglês que muitos dizem nem ter existido?

E por que estudar isso na escola? Sério, por que estudar isso sendo que as coisas mais importantes do mundo envolvem alimento, moradia e saúde? Não seria melhor voltar os esforços da educação mundial para soluções para os problemas práticos da humanidade, como saneamento básico?

Porque se seguirmos essa linha de raciocínio já consigo ver onde chegaremos: enquanto a gente estuda Romantismo na escola, "algo que não serve pra nada", milhões de crianças morrem abandonadas na África. Estudar Parnasianismo não vai ajudar a conseguir um emprego melhor no futuro, simbolismo não enche o prato de ninguém, não existem fábricas contratando poetas.

Também posso ouvir claramente os ofendidos professores de Literatura dizendo que é preciso estudar os clássicos (e eu concordo muito, afinal também sou professor de literatura), nós diremos que lendo se aprende a escrever melhor, interioriza-se a gramática, amplia-se o horizonte e um monte de frase pronta, frases com a marca do você tem de ler e pronto acabou.

Mas convenhamos, isso não convence mais ninguém: você pode ampliar muito seus horizontes lendo muita coisa que não é literatura. Platão, o gigante da filosofia, dizia que literatura era perda de tempo, pois se o mundo que vivemos não era o real e que deveríamos buscar o mundo ideal, a literatura era a representação de um mundo que nem sequer deveria existir, ou mais ou menos isso. Acho que estou ofendendo a filosofia tentando citá-la, perdoem-me amigos estudantes e professores de filosofia, mas não gosto de Platão quando ele não gosta de literatura. Vamos mudar de parágrafo, por favor.

Pois bem, também é possível estudar gramática sem literatura, basta para isto fazer o óbvio: estudar gramática.

Mas quando eu penso nos motivos que me levam a aceitar de peito aberto que a literatura deve ser ensinada na escola penso na resposta dada por Paulo Leminski, um dos meus poetas favoritos à pergunta a ele feita sobre o porquê de se fazer literatura, na verdade a pergunta foi assim: "Leminski, pra que serve um poema?"

E a resposta foi esta: "Graças a deus um poema não serve pra nada".

E é por isso que amo o texto literário. Porque até podemos expandir os horizontes lendo um livro e é certo que o fazemos, também podemos aprender língua portuguesa e aprendemos, podemos aprender a interpretar textos e muitas outras utilidades práticas que são apenas subproduto do texto literário, porque na realidade o texto literário não deve servir para definitivamente nada.

Mas calma meu querido professor secundário, calma meu querido amigo amante de Drummond e Lispector. Também amo o Pessoa na pessoa e a rosa no Rosa. Mas vamos lá, num mundo em que temos de acordar por um motivo: descansar para trabalhar no dia seguinte. Trabalhar para conseguir dinheiro. Conseguir dinheiro para pagar as contas. Pagar as contas para seguir a rotina de dormir, acordar e sair para trabalhar. Tudo tem um porquê e nesse mundo de utilidades em que tudo serve pra alguma coisa, a literatura tem o mérito de nos humanizar, pois ela não serve pra nada.

Só os seres humanos fazem coisas sem motivo, contam histórias, pintam quadros, compõem canções, penduram um quadro na parede, fazem sexo. Sim. Sexo. O ser humano transa pra se relacionar, gozar, amar, sentir prazer. O prazer nos torna únicos no mundo animal. O prazer bem sentido não tem função além de um fim em si mesmo e é possível extrair prazer do sexo, e esta é a frase mais óbvia que escrevi na minha vida. Mas também é possível extrair prazer de coisas diferentes: uma piada, um bate papo com um amigo super interessante, uma garrafa de coca cola num dia de sol, um banho de mar, um livro, uma visita a um museu, um poema. Ou apenas com sexo (a vida fica tão limitada assim).

Há pessoas que extraem prazer vendo uma velhinha caindo da escada. De fato, uma das melhores maneiras de conhecer o ser humano é descobrir o que lhe proporciona prazer: filmes de ação, jogos de guerra, companhia de pessoas escandalosas, a dor alheia, a solidão, de novo: um poema de Cecília Meireles "Canto porque o instante existe e minha vida está completa, não sou alegre nem sou triste sou poeta..."

Nesse momento acho que você já percebeu o ponto onde quero chegar: a literatura ajudou a humanizar os homens das cavernas, ela (a literatura) e todas as demais formas de arte, ajudou a fortalecer os laços de amizade, familiares, sociais ao longo da história. Colaborou com a educação, a construção de impérios, a derrubada de tiranos, libertou povos, justificou revoluções, influenciou e foi influenciada pela filosofia de cada época.

Ela (a literatura) não é mais importante que um prato cheio todo dia, mas sem ela um prato cheio pra você e para o cãozinho na coleira seriam a mesma coisa. Se você pode pensar em possibilidades para a sua vida futura e lembrando do seu passado tentar não cair nos mesmos erros e em erros que você nem cometeu, mas sabe serem errados é porque alguém escreveu sobre isso.

Já havia análise psicológica antes de Freud em Dostoievski, por exemplo. E em Vinícius de Moraes aprendemos um verdadeiro manual sobre relacionamento: a fidelidade, a separação, a mulher que passa e nos desperta desejo, desejo que não é paixão, nem amor, apenas uma vontade olhar, de continuar olhando a mulher que passa. E quanto à genial máxima "filhos melhor não tê-los, mas se não tê-los, como sabe-los"?

O texto literário nos leva por caminhos inexplorados pelo nosso eu, estradas percorridas por outras pessoas ao redor do mundo. Algo que nos unifica enquanto pessoas humanas, a mesma dor, a mesma agonia passada por mim também sentida por alguém há muitos séculos atrás, quem sabe no futuro, distopias que se realizam, medos tomando forma.

Na literatura há o encontro entre o possível e o imaginado. Quando se imagina se cria a possibilidade de algo novo, nós evoluímos.

Aprendemos literatura porque comer, dormir e nos reproduzirmos não basta. Temos que fazer o que os seres humanos fazem: temos de transcender. E como diz Pound: "os poetas são as antenas da raça". Estar cercado por eles é estar próximo de um mundo que está longe de ser o ideal, é estar em um mundo repleto de potencial, Júlio Verne dando a volta ao mundo em 80 dias, a dez mil léguas submarinas, ou no olhar de Capitu numa eterna dúvida... traiu ou não traiu? Descendo ao inferno com Dante, num manicômio cercado por cegos na companhia de Saramago, nos confins dos cus de judas com Antônio Lobo Antunes, isso mesmo, no mínimo, muito assunto pra discutir, não ao redor da fogueira, talvez na sala de aula, sempre abertos a novas possibilidades.

E buscando outras formas de fazer e refazer a literatura, que no fundo não passa de um monte de mentiras acumuladas nas prateleiras. Mas que nos revelam a identidade do humano demasiado humano. Do nosso profundamente nosso.

Não teríamos chegado nem perto de onde estamos sem literatura e não avançaremos sem ela. Verdadeira mola mestra da humanidade, criamos agora e criaremos mais no futuro tudo o que foi, é e será imaginado. O texto literário não é uma fábrica de sonhos, mas a melhor maneira de inventar a realidade.

E para mais apontamentos do tipo recomendo não livros teóricos como indicação, mas muita obra gostosa de ler, imaginações férteis que sonharam o futuro que é o nosso presente:

-Eu, Robot, de Isaac Asimov

-Viagem ao centro da terra, de Júlio Verne

-A jangada de pedra, de José Saramago

-O cortiço, de Aluízio Azevedo

- O conde de Monte Cristo, de Alexandre Dumas

-2001, uma odisseia no espaço, de Arthur Clark

-1984, de George Orwell

-O senhor das moscas, de William Golding

-A volta do parafuso, de Henry James

-Em busca do tempo perdido, de Marcel Proust (se você tiver coragem e espero muito que tenha)

E qualquer outro livro que nos leve a descobrir novas possibilidades para a nossa vida tão precária aqui no maravilhoso planeta terra.

Monteiro Lobato era racista?

Quando criança não tive muito acesso a textos de qualidade, mas sempre esteve perto de mim a figura de Narizinho, Pedrinho, a boneca Emília, O visconde de Sabugosa e mesmo sem estar com os livros de Monteiro Lobato em mãos percebia-o onipresente nos livros didáticos escolares sempre com trechos de sua obra.

Na TV o Sítio do Pica Pau Amarelo nunca me atraiu muito, talvez pela precariedade do meu televisor preto e branco, o fato é que Monteiro Lobato sempre foi de relevância absoluta na criação do imaginário infantil ao longo de todo o século XX.

Lobato é grandioso em todos os aspectos e me admiro com o fato de alguns grupos apontarem características preconceituosas, racistas, misóginas e coisas do tipo em seu trabalho. Não sei onde esses fulanos andam com a cabeça, a questão é que estamos falando de um escritor brasileiro nascido no século XIX e isto é muito importante quando da sua análise.

Depois é preciso pensar muito fora da casinha. Lobato é antes de tudo um visionário. Há séculos que existia literatura para crianças, mas no Brasil, país em que os livros eram proibidos de serem impressos até 1808, escrever literatura já era uma grande aventura, que dirá textos voltados ao público infantil.

E não apenas isso. Monteiro Lobato enriquece seus textos com personagens do folclore brasileiro, com uma genialidade tal que hoje a forma como ele as retrata passa quase como versão oficial. Talvez recaia nisso minha maior crítica aos seus textos, mas nada tendo o escritor a ver com isso, afinal que culpa tem Lobato se a visão que se tem do saci é a da leitura de seus textos? Penso que sem esta descrição sequer saberíamos desta lenda, e talvez das outras como Curupira, Boitatá e por aí vai.

Outro grande escritor que passou por esse caminho foi Mário de Andrade com seu Macunaíma num livro nada voltado para crianças, mas fruto de pesquisa vigorosa sobre o tema folclore. Também o Câmara Cascudo, que não era escritor, mas pesquisador de cultura brasileira, um folclorista. Nada disso pouca coisa em se tratando de Brasil.

Voltando ao assunto, o maior dano que alegam ser cometido por Lobato se diz quanto ao tratamento de Tia Anastácia, por exemplo: a mulher negra que passa todo o tempo servindo os patrõezinhos nas figuras de Pedrinho e da menina do nariz arrebitado. Também na descrição do Saci como preto e ladrão. Ou em algumas descrições politicamente incorreta para os padrões atuais.

Qualquer dia vão falar que a Cuca deveria ser retratada como um homem para soar menos machista, e o Visconde mais afeminado porque não percebem discussão de gênero "nesta obra retrógrada".

Estão utilizando de muita má vontade para com o escritor.

E para defendê-lo terei de abrir o leque.

Machado de Assis, o maior escritor brasileiro de todos os tempos, descendente de negros, também passa por esta mesma crítica. Dizem que foi um alienado por ter ascendência negra e não ter tomado partido de "seu povo".

Cruz e Souza, poeta negro do simbolismo, tinha na cor branca uma de suas maiores fixações. Passou em concurso público e não pôde assumir por sua cor de pele. Não há nos textos deste poeta nenhuma palavra gritando por igualdade. Um verdadeiro absurdo para os patrulheiros de plantão.

Lima Barreto é visto com mais simpatia. Escritor mulato, retratou as camadas populares em sua obra, mas nunca caiu na simplicidade do texto panfletário. Nascido livre, escreveu o que viu e apenas isso. Por vezes recai num cientificismo canhestro típico do período, analisa seu próprio fracasso talvez fruto   Talvez os pontos de vista de Cruz e Souza e Machado tivessem outra afinação.

Estou, como sempre, dando voltas. Mas difícil de ir ao ponto principal quando não há ponto principal, mas simples discussão burra e inadequada de um monte de gente que está misturando tudo o que está lendo. Será que leem

Cobrar de qualquer um destes escritores uma visão que apenas passou a ser corrente quase um século depois é um pouco demais pra qualquer pessoa com um mínimo de honestidade intelectual.

Como desejar que Monteiro Lobato retratasse a Tia Anastácia sentada no sofá, na mesma mesa, a Dona Benta ajudando-a nas tarefas do lar, se isso não era o costume da época (primeira metade do século XIX)? Estão lendo o texto de outrora com a visão de agora.

E uma criança ler isso não é problema algum. Não dá pra higienizar o passado. O Brasil teve sim quatro séculos de seres humanos como propriedades de outros seres humanos e isto era tido com naturalidade, aliás, fazia parte indelével do tecido social brasileiro. De fato, uma vergonha, mas que deveria ficar a cargo de cada pai o acesso a leitura ou não de cada um destes textos, quando adultos o livre arbítrio, e nas escolas o livre acesso.

Houve pessoas que se arvoraram no direito de pedirem o confisco e proibição dos livros de Monteiro Lobato. Resenhas direcionadas a professores. Exclusão de trechos inteiros, de capítulos racistas. Será que ninguém vê o problema disso?

Parece o Winston do livro 1984 trocando as informações dos jornais para fazerem com que a verdade do partido seja a realidade vista por todos. Higienizar a realidade, castrar os escritores. Eis uma solução facistóide e medíocre.

O que muita gente desinformada e, o que é pior, muito professor idem, não sabem é que Monteiro Lobato foi um dos maiores editores de livros do século XX e graças a ele o maior escritor negro brasileiro conseguiu lançar seus livros com alguma regularidade e (pasmem!!!) sendo pago por isso. Recomendo a biografia deste autor de autoria de Lilia Moritz Schwarcz lançada em 2017. Não leiam apenas os manuais de Ensino Médio que resumem a obra de Lobato ao artigo "Paranoia ou mistificação", texto crítico à obra e pessoa de Anita Malfati um dos desencadeadores da Semana de arte Moderna de 1922. Sabia que o Monteiro Lobato pouco antes de morrer escreveu um livro chamado "Reconsiderações de um Jeca" no qual passa a limpo suas opiniões e volta atrás em muitos pontos de vista, mostrando que sim, era um homem de opinião, mas que também sabia aprender e perceber as mudanças do tempo e do importante momento histórico que viveu.

Se formos um pouco mais fundo em sua obra encontraremos o conto "Negrinha" que desmente toda essa sanha politicamente correta e hipócrita. Nele uma menina é discriminada, humilhada, espancada, torturada psicologicamente e quando pensamos que nada seria pior a menina é tratado com dignidade por um grupo de crianças e esta consciência da realidade a mata. Recomendo mesmo a leitura apurada deste conto que mostra como é possível ser verdadeiro sem ser panfletário.

Aliás, quem foi que disse que a literatura precisa ser verdadeira, sendo que um dos objetivos da arte da escrita é o de simplesmente ser o questionamento dessa realidade.

Num capítulo de "Memórias póstumas de Brás Cubas" o personagem título encontra um rapaz negro que havia sido seu escravo agredindo um escravo de sua propriedade, da mesma forma como a criança Brás Cubas também fazia com o mesmo rapaz negro anos antes. A ironia machadiana indo fundo na discussão da realidade mostrando que o problema nunca foi tão simples.

No conto "Pai contra mãe" o mesmo Machado aponta com mais crueldade os caminhos para a sobrevivência nessa sociedade que nunca foi simples. Nunca foi amigável para os desfavorecidos, entre eles os escravos, depois os libertos e nós hoje descendentes deste Brasil do final do século XIX.

Outros escritores assumiram esta voz e em seus momentos devem ser lidos como tais: Vinícius de Moraes e Jorge amado por exemplo. Isso porque falam abertamente como representantes de uma cultura que os envolvia ou que tomaram para si.

E mesmo eles não tinham o pensamento estruturado em relação às demandas e lutas de um movimento que só veio a se estruturar de fato no mundo na década de 1960 e vinte anos depois no Brasil.

Mas deixa eu ser um pouco mais polêmico.

Dizem que é necessário ter mais escritores negros sendo ensinados nas escolas como leitura fundamental. E concordo. O que não se pode fazer é, com a desculpa de buscar uma reparação histórica enfiar goela adentro de nossos jovens uma literatura de qualidade inferior apenas por ser escrita por este ou aquele segmento étnico. Não há julgamento de valor algum aqui em relação a raças, credos, gêneros.

Literatura de qualidade é de qualidade não importando de qual cabeça venha. Os livros de Clarice Lispector não são melhores por ela ser mulher, os de Caio Fernando Abreu também não o são por ele ser gay, nem os de Lima Barreto por ele ser negro.

É necessário fomento aos escritores hoje, pesquisa aos livros de qualidade, incentivo maciço em educação. Daí não haverá importância quem escreve, o livro falará por si.

É claro que trechos da obra de Lobato soam racistas aos leitores de agora, assim como possíveis ideias de eugenia; mas é necessário lembrar que até mesmo a Alemanha, um dos países mais esclarecidos do mundo, caiu fundo num processo racista, xenófobo, misógino, totalitarista que lhe custa caro até hoje e custará ao longo de muitas décadas ainda. A história cobra seu preço. E se mesmo dentro do mundo esclarecido houve terreno para o desenvolvimento de tão absurdas ideias, que dirá aqui em terras tupinambás.

O que é preciso, na minha humilde opinião, é ler tudo com critério. Não apenas o Lobato, mas tudo. Mesmo os gênios, os obscuros, os marginais. Todos os textos estão apinhados de processos proselitistas. Cabe ao professor ajudar em seu desmonte: apontando livros, escritores, teóricos, propostas de intervenção; e não contribuir para tal: destruindo obras, proibindo livros, higienizando a cultura, falseando a história e a realidade.

Taí um dos objetivos da literatura nas aulas de literatura: ensinar que os textos de 1912 devem ser lidos como textos de 1912. É óbvio que os que dizem que Monteiro Lobato é racista faltaram a esta aula.

Como surgiu o Rock'n roll?

Há mais ou menos três décadas alguém ouviu um vinil com um coelho desenhado na capa que continha vários rocks em versões remixadas. Tais mixes tocaram exaustivamente nas FMs, nos bailes de formatura, nas vitrolas existentes e até em elevadores.

Para esse alguém o rock surgiu ali.

Há mais tempo ainda, algumas crianças dançavam aos finais de semana uns sons que pareciam músicas de filmes de cowboy. O disco tinha uma capa amarela com cinco rapazes vestidos de terno intitulado Os Incríveis.

Para aquelas crianças o rock surgiu ali.

Certa feita, um programa no dial da FM apresentou um especial de ano novo dos Beatles. No momento que tocou Twist and Shout um casal vizinho quebrava o pau e eram só panelas que voavam.

Para alguns vizinhos do casal, que ouviam a música e assistiam às cenas, o rock também tinha seu início ali.

Cada qual carrega a sua versão para o início do rock em suas vidas. E mesmo para a História e para os historiadores não seria diferente.

Talvez você já tenha ouvido falar que o rock surgiu com um gordinho chamado Bill Halley cantando Rock Around the Clock, ou mesmo que o ritmo teve sua origem com os negros norte-americanos destilando suas dores no Blues. Ou ainda nasceu ao som dos violões acelerados da música country. Desse liquidificador musical admitimos que todos colaboraram com o nascimento da criança.

Mas alguma coisa soa bem familiar aos ouvidos no som de In the Mood – música de uma Big Band originária da década de 1940 comandada por Glenn Miller – (se você nunca ouviu falar desse sujeito seu pai ou avô com certeza já).

Pois bem: o que tem a ver o Jazz de Glenn Miller com nossa análise? O ritmo, o compasso, as estripulias tiradas dos metais – (metais aqui são os pistons, as cornetas, saxofones, etc.) – e a dança bem semelhante ao que seria Rock'n roll.

E podemos atrasar o relógio de Bill Halley mais algumas décadas e chegarmos aos anos de 1920 com o Charleston e o Foxtrote. Se quiser fazer um teste é fácil: basta pegar uma filmagem do pessoal dançando esses sons, tirar o áudio original e colocar um Rock do Elvis. Assista e terá o resultado.

E por falar em Elvis, não poderíamos deixar de falar em Chuck Berry.

Sim, Chuck Berry, um rapaz negro, músico excepcional que compôs uma música autobiográfica denominada Johny B. Goode. Canção que conta a história de um jovem semianalfabeto com um único talento: tocar guitarra. E as pessoas vinham de todos os lugares para ouvi-lo. Chuck Berry deu uma grande coisa ao rock, o grito. Cantar rock não basta, tem que haver o grito, a postura, o jovem Chuck nos ensinou gritando "vai Johny vai vai vai" (go Johny go go go). (Você deve lembrar desta canção de uma das cenas finais do filme "De volta para o futuro")

Mas foi Elvis o primeiro ícone roqueiro. Foi ele, cantor excepcional, quem misturou a voz negra à figura do homem branco unindo os Estados Unidos racistas em torno de uma imagem rebolativa - a pelvis de Elvis foi proibida de ser mostrada na TV, eram os anos 50, a segunda guerra tinha acabado há pouco e os jovens se inspiravam, as meninas transpiravam, os rapazes o invejavam ao redor de todo o mundo. Todo menino levantava a gola das camisas, comprava uma jaqueta de couro, levantava o topete e não queria que ninguém pisasse em seus novos sapatos de camurça.

Para Erasmo Carlos o rock começou quando veio parar em suas mãos alguns discos de Elvis, para o jovem Paul McCartney ouvir "Heartbreack hotel" fez despertar em sua mente possibilidades nunca imaginadas "era como se ele cantasse das profundezas do inferno". Isso fez um verdadeiro milk shake da e na mente de Paul, George, John, Ringo, Mick, Keith e muito mais.

O rock ainda era 'n roll até o início dos anos 60, o termo vinha de uma gíria inventada por um DJ americano, nunca ouvi uma tradução digna, seria algo como "botar pra quebrar" ao dançar, o rock'n roll nasceu como um estilo dançante, ousado, abusado, na pelvis de Elvis quase erótico.

Uma curiosidade é o tal do Rock'n Rio. Pode-se traduzi-lo como ouvir rock no Rio de Janeiro, ou mesmo Botar pra quebrar no Rio. Ficamos com a segunda opção, pois quase não há o ritmo roqueiro no festival fluminense.

O rock "and roll" é o grito do Chuck na pelvis de Elvis. Entendeu?

Tem uma cena exemplar no filme "Grease", em que há uma festa em plenos anos 50, assista e perceberá qual o clima que predominava num recinto pleno de pedras rolando. Assista e tente traduzir rock'n roll do seu jeito.

Na segunda metade dos anos 60 veio a invasão

britânica aos Estados Unidos liderada por Beatles e Rolling Stones; depois hippies, contracultura, LSD, Woodstock e muito mais.

O rock perdeu o sobrenome 'n roll transformando-se num caleidoscópio chamado simplesmente rock, longe dos primeiros acordes do Bill Haley ou Chuck Berry, e mesmo o Elvis do hotel do coração partido. Falar de rock não é apenas falar de música, é necessário ir além de estilos, modas passageiras, falsos ícones, pseudoverdades, gostos pessoais.

O rock se construiu através de canções, cantores, músicos, produtores, arranjos, instrumentos, invenções, capas de discos, atitudes, sexo, drogas, loucuras, festivais, mídia e mais, mais e mais.

O pontapé foi dado pelos caras do hotel, do relógio e das grandes bolas de fogo, mas não precisamos seguir uma linha histórica para entender sua história.

O rock teve sim um início, mas teve um fim? Claro que não, diriam os mais afoitos, ainda existe rock sendo feito, há música pipocando por toda parte. Mas não é o que pensa este velho (não tão velho) roqueiro. E não é aquele papo tão velho quanto o rock de que o rock morreu. Ainda existem tropicalistas soltos por aí, mas não vejo ninguém chamando MPB de Tropicália. Nem chamando Luis Fernando Veríssimo de escritor modernista porque ele usa linguagem coloquial em seus textos.

Ainda há rock sendo feito, ainda há pelvis, ainda há gritos, mas existe uma palavra alemã "zeitgeist" que explica bem o que quero dizer. Significa "espírito do tempo", algo como modo de pensar, agir, falar, momento histórico, seres humanos, tudo o que envolve uma época. E o rock que tratamos aqui não é o rock feito por aí, muito embora exista muita música boa sendo feita. O rock enquanto música está vivo. Enquanto movimento cultural está morto. Não está enterrado porque a música ocupa os espaços, está em todos os lugares, e cá pra nós, a música é muito boa, mas a música é só uma parte do zeitgeist.

O rock é a única música que se vivia, se comia, se cheirava, se transava, se morria.

Desculpa novamente, hoje em dia o funk carioca faz o papel que o rock fazia muito melhor que o rock. Deixa eu arrumar a frase, ela ficou meio torta, mas não nos arrependemos de tê-la escrito: o funk carioca exerce o papel de sexo e drogas que pertencia ao rock. O problema é que o funk é tão primário que não nos serve como música, talvez haverá neste um capítulo sobre o funk, se houver quiser vá direto pra ele, eu recomendo que não. Ou faça do seu jeito, como os roqueiros faziam (e fazem).

O rock, como todo movimento cultural, teve um marco inicial, que definimos como o grito do Chuck e a pelvis rebolativa do Elvis. Ponhamos como marco final do rock um evento mais estático no tempo: o suicídio de Kurt Cobain.

Nada seria igual a partir dali.

Mas este é o nosso marco, escolha o seu. Alguns possíveis e impossíveis que já ouvi:

O rock acabou quando:

-John Boham morreu;

-Os Beatles acabaram;

-Elvis foi para o exército;

-John Lennon foi assassinado;

-Renato Russo morreu;

-Inventaram o Rock'n rio por um mundo melhor;

-Alguém teve a (in)feliz ideia de misturar rock com rap;

-Surgiu a MTV;

-Alguém cantou "Anarchy in the UK;

-O Metallica cortou o cabelo;

-O Blitz berrava "você não soube me amar"

-Michael Jackson, Madonna e Tina Turner foram aclamados como ídolos rock nos anos 1980;

-A Legião Urbana cantou Menudo;

-A primeira distorção foi feita;

-Um negro foi assassinado na frente das câmeras no festival de Altamont durante a apresentação dos Rolling Stones;

-Surgiu o Axé;

-Surgiu a expressão pop rock.

Brincadeiras à parte, todos os pontos citados podem ser considerados o fim de algo ou o início de outra coisa. Como a Blitz cantando "você não soube me amar". Música que infernizou as rádios nos anos 1980, ainda toca vez ou outra, considerada a decadência da juventude brasileira, mas que representa na verdade o início da popularização do rock no Brasil. Graças à Blitz surgiram Barão Vermelho, Cazuza, Gang 90, Titãs, Ira!, Engenheiros do Hawaii, Paralamas do Sucesso, Camisa de Vênus, Kid Abelha e muito mais. Mas também graças à Blitz surgiram João Penca e seus miquinhos amestrados, Mamonas Assassinas, PO Box, Virguloides e muito menos.

Deixemos pra você as conclusões, tiramos as nossas. Vamos para o próximo capítulo.

O que é e por que estudar o Romantismo

Quando assistia às aulas sobre Romantismo no antigo Segundo Grau ficava um tanto confuso com as professoras explicando o movimento literário de José de Alencar, Casimiro de Abreu, Gonçalves Dias e outros tantos escritores, poetas artistas que ajudaram a compor um cenário marcante da história da escrita nacional. Mas vamos com calma...

Concordo com o exposto acima (estes escritores ajudaram mesmo a compor o cenário da escrita nacional), mas a abordagem, esta sim, estava um tanto equivocada. Lembro-me das professoras apaixonadas cantando de cor os poemas de Álvares de Azevedo (morrendo por amor) e achava tudo aquilo muito ridículo.

Fui a fundo na leitura desses autores todos e nem precisei tanto, no próprio livro "Lira dos vinte anos" de Azevedo em sua segunda parte o próprio poeta satiriza seu comportamento excessivamente, como direi..., romântico. No poema "É ela, é ela, é ela", por exemplo. O próprio autor debocha de seu romantismo, o que nos faz concluir que nem mesmo os românticos se levavam muito a sério. Vale a pena dar uma lida.

E como é este comportamento?

Pois bem. Você é romântico? Romântica? Gostaria de alguém assim ao seu lado?

Imagine uma pessoa que morre por você, vive por você, manda flores, poemas, doces...

Esta figura lhe telefona diuturnamente e no meio da manhã você escuta um carro de som gritando seu nome "SÔNIA!!! SAIA SÔNIA!!!" Ao fundo tocando Celine Dion no último volume acordando os vizinhos, sem você saber onde pôr a cara.

Aí termina. Não tem mais relacionamento. Mas o seu namorado romântico não entende. Ele morreria por você. Ele mataria por você. Se não é para ficar com ele então não ficará com mais ninguém.

Muito perigoso, porque na vida real isso acontece, pessoas românticas matam, pessoas românticas morrem e, não sei qual a informação que você tem a respeito, mas o nome disto é crime passional, assassinato, suicídio, e não é uma coisa bonitinha.

O romantismo é basicamente a estética da paixão. Paixão pela pátria, paixão por si, pela pessoa amada, por uma causa.

A própria palavra paixão tem uma origem pouco afeita ao amor. O Romantismo não tem muito a ver com coraçõezinhos e beijo na boca. Na verdade, o romântico não se interessa muito por beijos. Mas estou sendo pouco didático, deixa eu ser mais claro:

Pesquisando a palavra "paixão" se percebe que sua origem vem da palavra grega "pathos", que originou a palavra paixão, mas também "patologia", isto é, enfermidade, doença. Estar apaixonado é estar, de certa forma, doente. E você sabe disso, no período pascoal usa-se o termo "Paixão de Cristo" para se referir ao martírio infringido a Jesus.

Conclui-se que estar apaixonado é estar doente. Conhece alguém que ao terminar um relacionamento parou de comer, deixou a barba crescer, parou de tomar banho, não queria falar com ninguém, se isolou no quarto debaixo das cobertas?

Gripe?

O romântico é o apaixonado nesse sentido, pois algo fora do normal acontece na cabeça de alguém que diz morrer e de fato morre, como nos livros e cito o maravilhoso "Amor de perdição" de Camilo Castelo Branco, ou Lucíola do já citado Alencar. A paixão que leva à morte.

Nesses enredos o que se exalta é um comportamento nada saudável. Note bem, o romântico não tem interesse na amada em questão, o que lhe interessa é o próprio sentimento, daí a professora do Segundo Grau me ensinando que o romântico é um egocêntrico.

Este comportamento tem mais a ver com o prazer que se extrai da dor que da afeição que se tem à pessoa amada. Então o desejo por amores impossíveis: a mulher casada, a prostituta, uma promessa feita no leito de morte de alguém, uma viagem, uma guerra, tudo o que impede o amor de acontecer.

Em suma, imagine uma linha reta separando o ser amado da pessoa que a ama. O nome dessa linha é Romantismo. E neste espaço tudo o que couber de sofrimento, dor, autoflagelos, suicídio, tragédia.

Neste interim o casamento é o fim da fantasia, o beijo na boca o fim do sofrimento, o happy ending, o casal pulando juntos no abismo. Nada saudável, por certo.

Muita gente inteligente traça diversos caminhos de origem para o movimento romântico, eu prefiro pensar que o Romantismo é uma resposta humana demasiado humana ao processo de mecanização e industrialização da mão de obra.

Vou tentar ser mais claro: não havia como um jovem do século XVI pensar em sofrimento amoroso pois estava buscando água no poço para regar as plantações, muito ocupado em não morrer de fome. Quando o descendente deste jovem, três séculos depois, foi desobrigado disso por seu pai que o enviou à escola para assumir o controle da fábrica que lhe possibilitava passar horas e horas no ócio em frente às prateleiras da biblioteca, tendo contato com escritores, sonhos, desejos e mais ócio. Sim, na minha opinião a vagabundagem deu origem ao Romantismo e não há mal nenhum nisso.

A mocinha em casa, analfabeta, séculos antes, agora poderia ler e, para não ter contato com o jornal direcionado aos homens, tinham uma folha apenas para elas, o folhetim, avô das novelas mexicanas e globais.

Havia a necessidade de um texto menos prolixo, acessível. A linguagem romântica é coloquial, quase informal. Aberta aos não iniciados, mesmo cheia de vocativos, pontos de exclamações. Poemas para serem declamados em alto som, recitados à noite aos pés do túmulo da mulher amada, no leito de morte de um moribundo quase morto de paixão.

O Romantismo para alguns estudiosos da filosofia é a fundação do indivíduo, quando o homem se interessa mais por ele que pelo mundo que o cerca, mais ou menos isso.

Tendo a concordar, no Romantismo os livros passam a ter trajetórias mais pessoais que a das grandes histórias da antiguidade. Não é mais a história de Vasco da Gama cruzando o Cabo das Tormentas, mas a de Simão que se apaixona por Teresa ao primeiro olhar, não mais Dante sendo levado ao inferno guiado por Virgílio, mas o inferno pessoal de Jorge e Carolina em A Viuvinha.

Infernos pessoais que abundam ainda no horário nobre dos diversos canais da TV aberta no Brasil, em telonas de cinema, revistas em quadrinhos.

Chegando a esse ponto é necessário separar duas ideias bem distintas. De um lado o comportamento romântico: sinônimo que superficialidade, egocentrismo, paixão doentia. E do outro o ideário romântico dos personagens: um homem que está abaixo dos deuses, mas acima dos homens comuns, de elevada ética e moral, pregador do bem e fiel à mulher amada.

Pois uma coisa é Berta: protagonista, personagem feminina do livro Til de Alencar. Outra muito diferente são as mulheres reais, alvos de comportamento passional.

O homem romântico da vida real é impulsivo, apaixonado, egocêntrico, pensa em seus sentimentos mais do que na mulher amada, como já dito aqui, se preocupa mais com a paixão que com o objeto de seu afeto, tanto que ao conseguir essa conquista perde o interesse. O romântico deseja o sofrimento.

Este Inferno de Amar

Este inferno de amar - como eu amo! -
Quem mo pôs aqui n'alma... quem foi?
Esta chama que alenta e consome,
Que é a vida - e que a vida destrói -

Como é que se veio a atear,
Quando - ai quando se há-de ela apagar?

Eu não sei, não me lembra: o passado,
A outra vida que dantes vivi
Era um sonho talvez... - foi um sonho -
Em que paz tão serena a dormi!
Oh! que doce era aquele sonhar...
Quem me veio, ai de mim! despertar?

Só me lembra que um dia formoso
Eu passei... dava o sol tanta luz!
E os meus olhos, que vagos giravam,
Em seus olhos ardentes os pus.
Que fez ela? eu que fiz? - Não no sei;
Mas nessa hora a viver comecei...
[Almeida Garrett]

Sofrer por amor é sinônimo de uma vida plena para o homem do Romantismo. O que minhas professoras viam com muito bons olhos eu não consigo entender com a mesma simpatia.

Já a mulher do Romantismo tem de ser impalpável. Longe, distante. Quase morta. Quanto mais perdido o sentimento mais ardoroso o amor.

Pálida à Luz

Pálida à luz da lâmpada sombria,
Sobre o leito de flores reclinada,
Como a lua por noite embalsamada,
Entre as nuvens do amor ela dormia!

Era a virgem do mar, na escuma fria
Pela maré das águas embalada!
Era um anjo entre nuvens d'alvorada
Que em sonhos se banhava e se esquecia!

Era mais bela! o seio palpitando
Negros olhos as pálpebras abrindo
Formas nuas no leito resvalando

Não te rias de mim, meu anjo lindo!
Por ti - as noites eu velei chorando,
Por ti - nos sonhos morrerei sorrindo!
[Álvares de Azevedo]

Quase um cadáver. Na verdade, o ideal seria que ela morresse de fato, assim o sofrimento seria sem fim, o amor impossibilitado completamente e o desejo por dor seria atendido na mente doentia do romântico.

Algumas informações sobre esses poetas causam espanto, alguns dormiam em caixões, frequentavam cemitérios, saiam no meio da noite fria enrolados em lençóis molhados com o objetivo de contrair tuberculose. Mais dor, mais satisfação dos sentidos.

Alguns personagens claramente românticos: vampiros (o Conde Drácula), lobisomens, zumbis, corcundas (o de Notredame de Paris), monstros (o de Frankenstein).

O hábito de presentear a mulher amada com flores vem daí: presenteamos os mortos com flores, qual mulher mais impossível que a cadáver?

Fagundes Varela, poeta brasileiro deste período, chegou bêbado em casa e dormiu sobre seu filho recém-nascido, matando-o. O que lhe rendeu muito remorso, sofrimento e um lindo poema chamado "Cântico do calvário".

Álvares de Azevedo morreu tuberculoso aos vinte anos de idade. Não sem antes escrever duas obras primas: Lira dos vinte anos (livro de poesia) e Noite na taverna (livro de contos com histórias de terror que incluem até necrofilia).

Castro Alves também morreu jovem dando um tiro no próprio pé em um acidente de caça.

Todos esses mortos jovens quase me lembram os roqueiros Jimmy Hendrix, Kurt Cobain, Sid Vicious, Janis Joplin, Cazuza, Renato Russo, Amy Winehouse (não tão roqueira assim) e outros tantos.

Já a construção dos personagens dos romances românticos são variações do mesmo tema: homem e mulher apaixonados e algo que os impede de realizar seu amor. Ao fim casamento ou morte.

O homem sempre o herói que luta para levar seu amor à mocinha indefesa que o espera passivamente, às vezes um pouco menos passiva, mas sempre esperando seu amado com a boa nova do casamento. Ou com as ilusões destruídas, depressiva até o suicídio.

Morrendo de amor. Romanticamente.

Esta mesma estrutura se percebe ainda hoje no cinema, em filmes de heróis com superpoderes (mais poderosos que os homens comuns, menos poderosos que os deuses). O Peter Parker com olhos desde a infância para a sua Mary Jane, o Clark Kent e Lois Lane e apenas ela, sem nunca olhar para o lado, sem nenhum conflito moral. O herói romântico sabe o que quer, tanto O guarani e Ubirajara quanto Flash Gordon e Bruce Wayne.

Também uma outra característica romântica muito interessante é o fato de o espaço refletir, numa narrativa, os sentimentos interiores de um personagem. Como naquela cena de "A Branca de neve e os sete anões" em que a mocinha começa a cantar com os pássaros e todo o cenário se ilumina harmonizando sua felicidade de ar bucólico, ao morder a maçã o fundo escuro, sombras, a tristeza se aproxima, morte, luto, beijo na boca, suspense, luzes, justiça feita à mocinha, final feliz com a tela iluminada.

Nas cenas finais dos filmes do "Homem aranha", os da primeira trilogia, em que o herói tem que resgatar a mocinha, sempre à noite, muita tensão, isto é, o cenário externo ajuda a compor o quadro de sentimentos e dor por que passam os personagens.

A segunda metade do filme "Titanic" por exemplo.

O Romantismo é diverso no mundo. Há um jeito alemão de ser romântico com Fausto entregando sua alma ao demônio Mefistófeles em troca do amor de sua vida, Werther e sua propensão ao suicídio; um modo francês hugoano lutando por igualdade, liberdade e fraternidade em livros como "Os miseráveis" e no Brasil divido didaticamente em três fases: Nacionalista, Ultrarromântica e Condoreira.

-Fase Nacionalista

Imagine o Galvão Bueno narrando os gols da seleção brasileira, mesmo levando de sete a um da Alemanha a culpa nunca é do Brasil, que é um país perfeito. Nos poemas dessa fase o que existe é uma exaltação sem par dos elementos nacionais, ou assim percebidos: os índios, a natureza, a própria malandragem brasileira (vide "Memórias de um sargento de milícias" de Manuel Antônio de Almeida).

Isso se explica pela proximidade do Romantismo com o processo de afirmação da independência do Brasil. O maior expoente foi o talentoso poeta Gonçalves Dias, com o famosíssimo e popular "Canção do exílio" que de tão ufanista chega ser citado em nosso hino nacional.

Canção do exílio

Minha terra tem palmeiras,
Onde canta o Sabiá;
As aves, que aqui gorjeiam,
Não gorjeiam como lá.

Nosso céu tem mais estrelas,
Nossas várzeas têm mais flores,
Nossos bosques têm mais vida,
Nossa vida mais amores.

Em cismar, sozinho, à noite,
Mais prazer eu encontro lá;
Minha terra tem palmeiras,
Onde canta o Sabiá.

Minha terra tem primores,
Que tais não encontro eu cá;
Em cismar sozinho, à noite
Mais prazer eu encontro lá;
Minha terra tem palmeiras,
Onde canta o Sabiá.

Não permita Deus que eu morra,
Sem que eu volte para lá;
Sem que disfrute os primores

Que não encontro por cá;
Sem qu'inda aviste as palmeiras,
Onde canta o Sabiá.
[Gonçalves Dias]

-Ultrarromantismo

É o estereótipo do Romântico. O movimento das paixões agindo de forma absurda direcionado a um objeto feminino impossível de ser alcançado.

Além do óbvio exagero no uso de bebidas alcoólicas, drogas, também a busca pela automutilação não apenas metafórica.

O maior expoente brasileiro desse período é Alvares de Azevedo, autor de dois livros, um de poesia: A Lira dos vinte anos. E outro de contos: Noite na taverna. Este segundo conta com cenas esplendorosamente românticas com assassinato e necrofilia. Exclui totalmente do imaginário de senso comum que percebe o Romantismo como uma estética ligada a coisas bonitas e delicadas.

Lembranças de morrer
Eu deixo a vida como deixa o tédio
Do deserto, o poento caminheiro,
- Como as horas de um longo pesadelo
Que se desfaz ao dobre de um sineiro;

Como o desterro de minh'alma errante,
Onde fogo insensato a consumia:
Só levo uma saudade - é desses tempos
Que amorosa ilusão embelecia.

Só levo uma saudade - é dessas sombras
Que eu sentia velar nas noites minhas.
De ti, ó minha mãe, pobre coitada,
Que por minha tristeza te definhas!

Se uma lágrima as pálpebras me inunda,
Se um suspiro nos seios treme ainda,
É pela virgem que sonhei. que nunca
Aos lábios me encostou a face linda!

Só tu à mocidade sonhadora
Do pálido poeta deste flores.
Se viveu, foi por ti! e de esperança
De na vida gozar de teus amores.

Beijarei a verdade santa e nua,
Verei cristalizar-se o sonho amigo.
Ó minha virgem dos errantes sonhos,
Filha do céu, eu vou amar contigo!

Descansem o meu leito solitário

Na floresta dos homens esquecida,
À sombra de uma cruz, e escrevam nela:
Foi poeta - sonhou - e amou na vida.
[Álvares de Azevedo]

-Fase Condoreira

Inspirada em Victor Hugo, escritor francês autor de "Os miseráveis", os poetas desta fase se preocupam com os problemas sociais do mundo e que sempre abundaram em nosso país.

O maior problema social do período era, obviamente, a escravidão. Mas ainda assim o caráter romântico se apresenta, por exemplo, quando o autor põe sua crítica num momento muito anterior ao seu período histórico. Como descrever uma cena do navio negreiro quando não havia mais este tipo de tráfico. Seria mais real e incisiva a crítica retratando uma senzala e criticando a sociedade construída a partir de tal premissa, não o fez, era romântico.

Ainda nesta fase o amor acontece, porém, um amor já realizado. O sofrimento acontece pela ausência da amada depois de a já ter possuído.

Navio negreiro (trecho)

Era um sonho dantesco... O tombadilho
Que das luzernas avermelha o brilho,
Em sangue a se banhar.

Tinir de ferros... estalar do açoite...
Legiões de homens negros como a noite,
Horrendos a dançar...

Negras mulheres, suspendendo às tetas
Magras crianças, cujas bocas pretas
Rega o sangue das mães:
Outras, moças... mas nuas, espantadas,
No turbilhão de espectros arrastadas,
Em ânsia e mágoa vãs.

E ri-se a orquestra, irônica, estridente...
E da ronda fantástica a serpente
Faz doudas espirais...
Se o velho arqueja... se no chão resvala,
Ouvem-se gritos... o chicote estala.
E voam mais e mais...

Presa nos elos de uma só cadeia,
A multidão faminta cambaleia,
E chora e dança ali!
Um de raiva delira, outro enlouquece...
Outro, que de martírios embrutece,
Cantando, geme e ri!

No entanto o capitão manda a manobra

E após, fitando o céu que se desdobra

Tão puro sobre o mar,

Diz do fumo entre os densos nevoeiros:

"Vibrai rijo o chicote, marinheiros!

Fazei-os mais dançar!..."

E ri-se a orquestra irônica, estridente...

E da roda fantástica a serpente

Faz doudas espirais!

Qual num sonho dantesco as sombras voam...

Gritos, ais, maldições, preces ressoam!

E ri-se Satanás!...

[Castro Alves]

**Boa-noite (Exemplo de amor realizado, o eu-lírico sofre
por ter de se afastar da amada após uma noite de amor)**

Boa noite, Maria! Eu vou-me embora.

A lua nas janelas bate em cheio...

Boa noite, Maria! É tarde... é tarde...

Não me apertes assim contra teu seio.

Boa noite!... E tu dizes – Boa noite.

Mas não digas assim por entre beijos...

Mas não me digas descobrindo o peito,

– Mar de amor onde vagam meus desejos.

Julieta do céu! Ouve.. a calhandra
já rumoreja o canto da matina.
Tu dizes que eu menti?... pois foi mentira...
...Quem cantou foi teu hálito, divina!

Se a estrela-d'alva os derradeiros raios
Derrama nos jardins do Capuleto,
Eu direi, me esquecendo d'alvorada:
"É noite ainda em teu cabelo preto..."

É noite ainda! Brilha na cambraia
– Desmanchado o roupão, a espádua nua –
o globo de teu peito entre os arminhos
Como entre as névoas se balouça a lua...

É noite, pois! Durmamos, Julieta!
Recende a alcova ao trescalar das flores,
Fechemos sobre nós estas cortinas...
– São as asas do arcanjo dos amores.

A frouxa luz da alabastrina lâmpada
Lambe voluptuosa os teus contornos...
Oh! Deixa-me aquecer teus pés divinos
Ao doudo afago de meus lábios mornos.

Mulher do meu amor! Quando aos meus beijos

Treme tua alma, como a lira ao vento,

Das teclas de teu seio que harmonias,

Que escalas de suspiros, bebo atento!

Ai! Canta a cavatina do delírio,

Ri, suspira, soluça, anseia e chora...

Marion! Marion!... É noite ainda.

Que importa os raios de uma nova aurora?!...

Como um negro e sombrio firmamento,

Sobre mim desenrola teu cabelo...

E deixa-me dormir balbuciando:

– Boa noite! –, formosa Consuelo...

Então, por que estudar o Romantismo?

No dia 13 de outubro de 2008 um rejeitado Lindemberg invadiu a casa de sua ex-namorada Eloá Cristina fazendo-a refém junto com seus amigos que haviam se reunido para fazer um trabalho escolar.

O sequestro durou várias horas e terminou com a morte da moça. (Há vários documentários a respeito, em diversas plataformas, fácil encontrar mais informações)

Se você voltar ao início deste texto e notar a explicação sobre o comportamento romântico, verá que o sequestrador segue todo o modus operandi romântico e o fim trágico foi devido ao comportamento também romântico de polícia, família e mídia.

Pesquise no wikipedia sobre a tragédia e veja como uma solução racional vai ficando cada vez mais distante a medida que todos os envolvidos vão se deixando levar por seus sentimentos. (Há o absurdo de autorizarem uma das reféns, que havia sido libertada pelo sequestrador, a retornar ao cativeiro. Tudo sob os refletores dos canais de TV, internet e segurança pública).

Todas as pessoas precisam de alguma forma de afeto. O amor romântico é apenas uma das faces em que ele se apresenta.

Estudos apontam que a paixão é uma espécie de vírus que invade o corpo humano e tem o prazo de validade pré-estabelecido em, no máximo, três anos. Uma visão um pouco fria a respeito dos sentimentos.

Vinícius de Moraes, grande poeta brasileiro, casou-se oito vezes, dizia querer viver eternamente apaixonado. Um caso quase patológico, assim como o do cantor Fábio Júnior e da dançarina Gretchen.

O que estou querendo dizer é que não se pode tomar decisões definitivas na vida tendo como ponto de partida um sentimento que embaça o raciocínio e que se transforma com o tempo. Não se pode basear o casamento em paixão. Não é saudável.

Assim como não é saudável querer controlar a vida da pessoa com quem se está relacionando, ou aceitar-se controlar. Cada ser humano tem seus desejos e aspirações independentes do parceiro ou parceira. Ciúmes, desejo, sexo, sonhos, e tudo o que faz parte de uma relação deve ser vivido intensamente, mas não pode ofuscar o brilho de cada ser, o impedindo de cumprir de forma plena sua jornada humana.

Estudar o Romantismo deve servir como uma oportunidade para professores e alunos discutirem o modo como se estruturam os relacionamentos no mundo contemporâneo, debatendo o papel da mulher e o do homem na sociedade. Assim como os relacionamentos abusivos, compromissos prematuros, tribos urbanas nocivas, vícios, comportamentos românticos repetitivos na sociedade contemporânea que mostra uma tendência em querer acreditar em fantasias, próprias de uma época de pessoas que se fantasiam de Naruto, sonham ser astronautas e nunca leem um livro até o fim. Mas que acreditam que "tudo pode ser, se quiser será, sonhos sempre vêm pra quem sonhar", porém não conectam seus fracassos às suas ações ou inações.

No mais, fora da escola, o movimento Romântico deve ser compreendido como o desejo do ser humano pelo impossível. A eterna busca da felicidade e uma janela aberta para o sol entrar iluminando fundo o nosso coração. Ou quem sabe, muito inspiração para alguns apaixonados beijos na boca.

Axé, funk e outras drogas

Todo adolescente gosta de falar mal da música que não escuta - também conhecida como música dos outros. Faz parte da afirmação da identidade de cada um, positiva e negativamente. Tanto faz que o menino de 13 anos escute rock, forró, axé ou... deus me livre: funk.

Falar mal do pagode é muito divertido quando não se está perto de ninguém que tem no pagode sua razão de viver, ou de morrer. Certas meninas morrem (literalmente) pelo cantor estampado na capa da revista Contigo. No início dos anos 80 uma febre imbecil trazida pela Rede Globo aportou em nossas terras e (como diriam os bretões) levaram nossas mulheres.

Os Menudos eram uma boy band tão ridícula, tão insossa, tão incrivelmente cretina que só podia fazer sucesso;

foi nela que o Rick Martin se fez conhecer. Os Menudos foram chamados de novos Beatles, comparados, idolatrados, as meninas se umedeceram, fugiram de casa pra ir a shows, compravam papel de carta, álbum de figurinhas, discos, camisetas, bandanas estilizadas, até as crianças cantavam os refrães infames (não se reprima, não se reprima) (troque suas pilhas, troque pilhas) (doce beijo, você me deu, doce beijo, você me deu).

Não há dúvida de que muitas pessoas ficaram ricas com essa porcaria importada de Porto Rico. Um inferno comparável a Jaspion, Changeman e outras drogas apenas possíveis nos finados e não enterrados anos 1980.

Agora o teste: pergunte a alguma menina que era adolescente nesta década se a mesma era fã de Menudo. Não pergunte se conhece, pergunte se ela delirava, suspirava, tinha um amor eterno, sonhava com o Roy, o Rick, o Rey, o Ruy, o rato roeu a roupa de...

Por uma façanha do destino todas as meninas apaixonadas por Menudo desapareceram. Aquele amor eterno não sobreviveu aos anos 1990, ou à maturidade.

Imagine leitor, que algumas meninas de 13, 14 anos de idade morreram sufocadas em shows ao redor do mundo e no Brasil, desmaiavam em aeroportos esperando-os por horas apenas para receber um gesto, um aceno, um olá do seu ídolo. Como coisas assim nascem? Como morrem? Nesses termos, o que faz um fã do U2 diferente de um fã do Menudo?

Pouca coisa, por é preciso ir além. Muito embora seja o rock o pai dessa histeria, que nasceu com Beatles, Rolling Stones e até hoje nos assolam com Ladies Gagas, Claudias Leites e outras drogas.

Mas não pense que falarei mal de tudo e todos. A música não pode deixar de ser feita, não pense que existe evolução ou retrocessos. O que há é apenas som, de boa ou péssima qualidade. Havia um tempo em que os deuses pisavam na terra, mas isso é outra história. Este capítulo não será sobre Menudos e nem tocaria no assunto se não fosse estritamente necessário.

A intenção foi dá-los como exemplo de como música ruim sempre existiu e sempre existirá e sempre existirão pessoas dispostas a morrer por porcarias. Mas alto lá, nem tudo que é ruim é ruim e ponto. Certas coisas significam muito, mesmo quando não damos a mínima.

Quero falar de um ritmo que nasceu discriminado nos morros do Rio de Janeiro. Feito por negros e pessoas de pouca escolaridade, sempre recebeu o escárnio das elites (conservadoras, como toda elite), festas grandiosas eram feitas nos morros e os negros se divertiam sobejadamente ouvindo seu próprio ritmo, enquanto os brancos daquela elite insultavam os músicos, aliás, nem músicos eram considerados, pois não tinham formação musical. A formação musical dos brancos.

Depois de algum tempo alguns membros das elites

foram atraídos ao morro pelo som que lá era feito, eram pessoas brancas subindo o morro, vivendo a experiência negra in loco, descendo as ladeiras e repetindo em bares elitistas os sons apreendidos nas favelas.

Primeiramente estes brancos foram discriminados, depois (o som feito no morro era irresistível) foram ficando conhecidos e com cada vez mais fãs colocaram a música da favela na mídia, todos passaram a tocar a música negra e alguns (aos poucos) passaram a respeitá-la. Enfim, se cristalizou enquanto manifestação popular se transformando em baluarte da cultura nacional.

Não estou falando do funk, mas poderia. A história é a mesma, apenas o final está por acontecer, a história acima é a do samba.

Enquanto feito por negros, horrível. Pixinguinha e Noel Rosa? Gênios.

Rock'n roll feito por negros, horrível. Elvis e Jerry Lee lewis? Gênios.

Axé feito por negros nos anos 70 e 80, horrível. Daniela Mercury, Chiclete com Banana? Gênios.

Rap, horrível. Gabriel o pensador? Gênio.

Claudinho e Buchecha horrível, mas Adriana Calcanhoto cantando "Eu assim sem você" do Claudinho e Buchecha é maravilhoso.

Alguém percebeu o que acontece? Seria, ou não, a história acontecendo como drama pela primeira vez e como farsa pela segunda?

É tudo muito simples: enquanto a música é negra e pobre, ninguém fala bem, ninguém escuta, ninguém toca, até que algum intrépido branco põe os dedos, os acordes e faz do seu jeito. Aí toca na Globo, na BBC, na Fox, recebe investimento do estado, é chamado de cultura.

Você teria coragem de chamar Funk de cultura? E teria coragem de dizer que samba não é? Pois bem, o funk faz hoje o que o samba fez no início do século XX, o mesmo ocorria com o blues nos Estados Unidos, o jazz, o próprio rock.

Mas e esse sexo todo do funk? A mulher usada como objeto. Os intelectuais gostam de termos como reificação.

Fala sério querido leitor, podemos criticar funk e axé por uma porção de coisas, menos por fazer apologia ao sexo. Afinal, o lema do rock é bem conhecido com seu "sexo, drogas e rock'n roll".

Sempre assim, nossa música pode porque é mais qualificada, nós precisamos estudar pra fazê-la. Mas isto é preconceito, vamos parar com isso, a nossa música é apenas a música que escutamos.

Grosso modo poderíamos estabelecer uma linha de simplificação que vem da música clássica, ao jazz, ao blues, ao rock, ao heavy metal, ao progressivo, ao punk, ao rap, ao funk.

Cada vez menos notas, cada vez menos necessidade

de conservatórios, assim como poderíamos colocar o samba nessa história, ou o axé, o reggae, o sertanejo [universitário], o forró.

Uma vez eu tive um guru, [recomendo que todos tenham um guru. Ter um Gurú é importante porque primeiro você o segue, depois diz na cara dele que ele é uma fraude, é quando você cresceu.] O meu guru do rock vivia dizendo que rock é liberdade, mas odiava samba, queria matar quem ouvia axé e repúdiava boy bands. "Mas o rock é liberdade", dizia.

Se o rock é liberdade, então o fulano é livre pra ouvir rock, samba, axé, funk, sertanejo e forró (universitários ou não).

Ele trangisversou, disse que o cara aprenderia o que era bom se o rock fosse melhor divulgado, que o heavy metal perdia espaço nas rádios porque os produtores insistiam em investir em música de péssima qualidade.

Na realidade as rádios e gravadoras tocam o que as pessoas querem ouvir. Empresários e produtores são vendedores, vendem o que as pessoas querem comprar.

Hoje (início do século XXI) é o funk, mas nos 1980 eram os Menudos, nos 1990 era o É o tchan, nos anos 1960 eram os Beatles, nos 1970 havia Led Zeppelin, mas também havia a disco, e que ninguém se engane, muito esgoto passou e passará por baixo dessa ponte e o que me faz muito infeliz é que, hoje em dia, os músicos têm espírito de empresários. Não precisam se vender, são vendedores.

Para a liberdade basta seguir a velha/nova fórmula de procurar as músicas na internet, ler bons livros, ter a mente aberta e ser uma ótima antena. Porque no final música é apenas música e você não precisa odiar o seu vizinho funkeiro porque ele gosta de funk, mas pelo motivo correto: ele ligar o som do carro no último volume na frente da sua casa enquanto você quer ouvir a sua música ou simplesmente viver o silêncio merecido do seu lar.

Educação não tem gosto musical, também odiaria um idiota ouvindo "Satisfaction" na mesma situação supracitada.

Você também não precisa morrer pela sua banda favorita, eles não merecem isso, poucas pessoas merecem que você morra por elas. Temos que nos entregar com talento e afinco em nossas atividades diárias, trabalho, honestidade, fazer o bem, coisas que fazem de nós cidadãos dignos e seres humanos melhores.

Dormir três noites em uma barraca, usar banheiro de posto de gasolina, ficar sem tomar banho, sem comer e na hora do show desmaiar ao ver o ídolo, não faz do mundo nem de você um ser humano melhor.

A não ser que você esteja querendo dar entrevista, aparecer no Jornal Hoje, aí você estará no caminho certo, vão te chamar de babaca, você será um babaca, mas está no caminho certo de conseguir o que você quer: ser um babaca.

Todos têm vergonha de sua babaquice, por isso que ninguém encontra as viúvas do Menudo. Elas ficam bem caladinhas, quietas, escondendo embaixo do tapete sua vergonha e ressaca moral.

No futuro o funk pode até ser um baluarte da cultura como o rock, o samba, o jazz; mas com certeza, as meninas dançarinas sem calcinha estarão um tanto piores que as fãs do Menudo. Sim, nos anos 1980 não havia Intenet, High Definition, Facebook, e câmera digital. Não havia celulares com câmera, nem havia celulares. Será muito difícil empurrar o passado pra debaixo do tapete.

Por que Harry Potter não é literatura?

Sou professor de língua portuguesa, especialista em literatura, já leciono há mais de quinze anos e se apresento minhas credenciais, o dito selo de erudição, antes de iniciar esta exposição é porque sei que vou mexer em assunto complicado. Pois bem, sou o professor de literatura tradicional e conservador opinando sobre o Harry Potter.

Mas vou com calma, não quero que este artigo seja lido apenas por leitores de Machado de Assis e Shakespeare, disse apenas, pois direciono meu foco para todos os lados, inclusive aos leitores das famosas sagas vampirescas que foram moda há algum tempo e podem voltar a sê-lo quando da época da leitura desta análise. O mundo tão caricaturalmente dinâmico, sei lá. Por hora dou voltas, vou direto ao assunto:

Harry Potter não é literatura e ponto final. Nem ele nem

Percy Jackson, ou Crepúsculo, Eragon e outras criações do gênero. Calma leitor, também não é literatura escritores vigorosos como Sidney Sheldon, Stephen King, Agatha Christie e similares. O nosso Paulo Coelho, por exemplo. Zíbia Gaspareto.

Mas quando for desenvolver meu raciocínio ao longo deste texto utilizarei sempre que possível a figura do jovem bruxo de Hagwarts.

Começo: há muito tempo me deparo com alunos pedindo que eu peça para análise nas aulas de literatura do Ensino Médio livros mais modernos e que falem de sua realidade imediata. Não vou cair aqui na fácil tentação de argumentar sobre o que há de realidade em bruxo estudando magia para lutar com um mago das trevas, não farei isso. Meus argumentos há tempos eram os de todos os professores preguiçosos como eu que ouviam tanto as mesmas reclamações de estudantes preguiçosos em ler um livro de fôlego como "O cortiço" ou "Dom Casmurro", verdadeira Literatura, esta sim com L maiúsculo.

Quando tinha um pouco mais de paciência ainda explicava que Aluízio Azevedo é um clássico experimentado pelo tempo, assim como todas as obras pedidas na escola. Explicava também que estes livros foram, alguns, marginalizados em seu tempo. Os do Lima Barreto, por exemplo. Raul Pompéia se vingando da escola pondo fogo ao ateneu no apoteótico clímax de seu livro. Meus alunos foram sempre muito educados, ouviam, entendiam... e discordavam. E eu ficava sem entender o porquê de tanta resistência.

Alguns professores conhecidos meus caiam nessa conversa mole e aceitavam pedir livros da moda como conteúdo escolar, um inclusive pediu que sua turma lesse "O código Da Vinci", obra que também li como entretenimento, mas que não recomendo a ninguém como leitura séria, muito menos em sala de aula. Pois bem, por que a minha resistência?

Resisto porque sou pago para ensinar literatura e Harry Potter não é literatura. Aliás, vou mais longe, não há literatura em Harry Potter a ser ensinada. Serei mais explícito no próximo parágrafo:

A distância entre Harry Potter e uma obra literária é a mesma que a distância entre a arte e o artesanato.

Assim, deixa eu explicar.

Ezra Pound, grande poeta e teórico da literatura, do qual sou fã e discípulo, em um de seus livros mais famosos "O ABC da literatura" dá uma definição muito própria do que diferencia o texto literário dos demais: a condensação.

Deste modo: na literatura a palavra é metonímica, o que significa dizer que nela (a literatura) a palavra está carregada de significados, é polissêmica. Como no poema da "pedra no meio do caminho" de Carlos Drummond, que seus professores te fizeram ler e te falaram que ali a pedra significava mais que uma pedra, poderia ser um problema, as intempéries da vida, tudo aquilo que passa. Se fosse só uma pedra a pedra, e só um caminho o caminho, jamais este seria o poema mais reproduzido e traduzido da literatura em língua portuguesa.

Para que o texto seja literatura a palavra não basta informar, se fosse isso as histórias que minha finada avó contava estariam cheias da mais pura literatura, mas não são. Para que haja literatura numa narrativa é necessário o tratamento artístico dado ao texto e nisso volto no aforismo lançado algumas linhas acima: artístico. Diferente de artesanato.

Artesanato é um ofício maravilhoso, existem artesãos que são verdadeiros artistas, mas o artesanato consiste em fazer várias peças repetidas e repetidas e repetidas de uma tal forma que seu ofício se assemelhe muito a uma linha de produção. Aquelas garrafas com areia colorida compradas em algumas localidades turísticas do Brasil, o porta-canetas feito com pedra sabão trazido por meu grande amigo de sua viagem a Ouro Preto. Talvez haja um artista dentro do artesão quando ele decide esculpir uma peça única, mesmo que de encomenda, assim como o Michelangelo fez com a Capela Sistina, sem dúvida o que diferencia o artista do artesão é a quantidade de subjetividade empregada em seu trabalho e nisso voltamos ao nosso bruxo:

Quando Hamlet diz seu "ser ou não eis a questão" nos

debruçamos sobre o que há de mais profundo na alma humana, quando este jovem príncipe da Dinamarca recebe a visita fantasmagórica de seu finado pai pedindo vingança por sua injusta morte, tudo leva a uma visita ao que há de mais profundo na alma humana, cada palavra é uma pedra como em Drummond e em cada ser humano tem-se uma possível interpretação, ou nenhuma. Quando o jovem Harry Potter levanta voo com sua vassoura para vencer a partida de quadribol ele apenas está vencendo uma partida de quadribol.

Quando seu amigo Ronald Weasley vai resgatá-lo do cativeiro em que seus tios o afligem é apenas um carro voador buscando uma criança. Não há camadas por baixo de camadas, há apenas entretenimento, de excelente nível, muito bem feito, devo admitir, mas apenas entretenimento.

E antes que apareçam leitores apaixonados pelo menino do raio na testa, devo acrescentar que li todos os livros da série e gostei muito. Muito mesmo. Gostei mais do que pensava que poderia gostar de um livro feito para um público que não sou eu. Sim querido leitor, Harry Potter tem seus instantes de análise psicológica, há momentos de tratamento próximo ao literário, principalmente das questões políticas e raciais. Pode-se inclusive fazer uma análise muito profunda disso, mas ainda assim é muito pouco.

Neste sentido eu gosto de Potter como gosto de Homem de Ferro, Batman, Hulk. Há momentos nas histórias em quadrinhos que há um verdadeiro trabalho artístico em suas páginas, mas deve-se lembrar que existe uma enorme preocupação com os resultados comerciais que leva a decisões que por vezes mudam todo o percurso das narrativas. Como o fato de um herói ser mais popular que outro e ter de ser o vitorioso numa saga chamada "Guerra civil" por exemplo. Ou a decisão de não matar um personagem para que possa aparecer em outros e outros e outros filmes e livros.

Como o caminho que o bruxo Potter seguia em seu trágico fim, pois era ele próprio uma das relíquias da morte que deveriam ser destruídas. É visível o malabarismo feito pela autora para desenrolar o novelo criado por ela a fim de atender ao que a veracidade da narrativa exigia e o que o mercado editorial impunha. Imagino a cena da reunião de fechamento do livro final da saga Potter: "Você não pode matar um bruxo que rende bilhões de dólares a você e a nós", "Mas..." "Você não pode matar um bruxo que rende bilhões de dólares a você e a nós"... Vamos fazer assim então.

Ou não, sei lá, posso estar viajando, a questão é que para ser literatura um texto não precisa ser velho e o autor morto, o texto precisa ser polissêmico. Por isso que sua professora do Ensino Fundamental encheu seu saco com aquele negócio de saber o que é metáfora, metonímia, antítese, paradoxo, essas coisas que fazem você entender o texto conhecido como texto <u>Conotativo</u>, em oposição ao <u>Denotativo</u>. Quanto mais conotação mais significados tem o trabalho do escritor, quanto mais significados mais literatura na literatura.

Não há nada de errado em ser apaixonado pelo gênero fantástico, ou seguir ao longo da vida lendo histórias escritas para o público infanto-juvenil. Também não sou tão quadrado a este ponto, quer chamar de literatura, que chame. Afinal sempre haverá os que dizem que futebol é uma arte, mesmo sendo um esporte, os que dizem que certo compositor de canções populares é um poeta, mesmo a música não sendo poesia. Estaremos entrando e permanecendo no universo do senso comum, e lá ficando eternamente. O que não é admissível é se ensinar na escola que certo texto é literatura, quando não é. Arte é arte e não preciso gostar de tudo em arte para compreender o que há de artístico em certo objeto criado de forma única e caindo na redundância: objeto único e artístico.

Há histórias em quadrinhos que são verdadeiras obras de arte; cito "Maos" de Art Spiegelman, ou "Watchmen" de Alan Moore e o fato de estarem encerrados no formato livro e serem vendidos em livrarias não faz deles literatura. São geniais dentro de sua própria linguagem, assim como Harry Potter é genial dentro da sua.

E isto se estende para novelas de TV, por exemplo. Há casos de peças de ficção globais que são muito mais que simples novelas, "Vale Tudo", "Roque Santeiro", "Saramandaia" são alguns exemplos. Mas ainda assim o processo mental é o mesmo: são excelentes peças artísticas dentro de sua linguagem. Neste caso num processo quase industrial, assim como os quadrinhos citados no parágrafo anterior.

Pois bem, estou certo de que não encerro a questão, mas também creio que é necessário, desde Aristóteles, classificar muito bem cada coisa, para que não se caia no discurso raso e vazio onde ninguém se entende e todo mundo é especialista. Num mundo onde quatro mais quatro é igual a nove pensar se torna algo muito perigoso.

E no mais, fala sério, o seu professor não pede que você leia os livros da moda ou os best sellers infanto-juvenis porque não é necessário, você já os lê por vontade própria. Percebo isso nas salas de aula que frequento diariamente. E nada impede de o professor indicar um desses livros para fruição simples e constante, mas enquanto "ensinador" de literatura é nisto que deve estar seu foco, incorrendo no perigo do simples proselitismo.

E mais, quando um aluno me pede um livro de qualidade pra ler, sou corajoso e indico a boa e eterna Literatura, com L maiúsculo: "A metamorfose" de Kafka ou "O retrato de Dorian Gray" de Oscar Wilde são os meus favoritos na hora de indicar uma iniciação literária.

Mas para entender o que seja literatura e ir mais a fundo no assunto que tratei por aqui indico o já citado Ezra Pound com seu "ABC da literatura", o livro da coleção

Primeiros Passos da Marisa Lajolo "O que é literatura" outro da mesma coleção "O que é leitura" de Maria Helena Martins. Também o livro desta safra "O que é indústria cultural" de Teixeira Coelho também pode auxiliar em alguma coisa. Há um episódio dos Simpsons em que o Homer e o Bart se reúnem para escrever um best seller que também auxilia visualmente na compreensão de como funciona a elaboração de um produto livro barra literário barra produto.

Dito isto, aqui encerro desejando a você muitas visitas às bibliotecas, não importando a qual prateleira.

O que é ser burro e alienado?

A palavra alienação está um pouco fora de moda, mas faz parte do universo rock há muito tempo, mais precisamente desde os anos 1960, no Brasil tornou-se tema de mesas redondas sérias e de botequins nos anos 1980, época de abertura política após mais de vinte anos de ditadura militar e censura.

A palavra é tão complexa que o próprio Aurélio para defini-la chama Marx e Hegel (dois importantíssimos pensadores), grosso modo significa "não pensar, ser objeto e não sujeito, negar-se enquanto indivíduo enquanto a história acontece, não sentindo-se (nem sendo) parte do processo cultural, histórico, social, etc. (E isto grosso modo; fica a dica: busque maiores informações com a coleção "Primeiros Passos" da Editora Brasiliense.)

Ser alienado é, portanto, não pensar. O que significa ser objeto e não sujeito.

Um exemplo bem simples: Um homem fez uma mesa. O homem é o sujeito, a mesa o objeto. A mesa não pensa, o marceneiro tem que pensar pra desenvolver o processo de elaboração de uma mesa. Caso contrário pode não conseguir fazer a mesa, ou deixá-la mal feita, ou fazer uma cadeira por equívoco. A mesa não sofre destes complexos problemas. Ela é o que o marceneiro diz que ela é. O marceneiro molda a mesa.

A mesa é alienada.

Mas vamos ser um pouco mais complexos: se um marceneiro trabalhasse para uma grande empresa de mesas e não montasse a mesa inteira, apenas encaixasse os pés destas. Ele pensaria a mesa? Não. Para um marceneiro ser sujeito ele precisa construir uma mesa única, uma mesa que tenha algo dele, parte de si. Uma mesa que tivesse em si alguma particularidade que remetesse ao marceneiro, ao seu trabalho, à sua consciência de fazedor de mesa.

Um arquiteto pensa a casa, o engenheiro pensa suas estruturas, um pedreiro pensa paredes, o ajudante do pedreiro pensa a lata cheia de concreto. Do arquiteto ao ajudante do pedreiro cada vez tarefas menos conscientes, menos raciocínio, mais alienação.

Um pouco mais complexo ainda (se segura na poltrona, aguenta um pouquinho mais): um arquiteto que pensa um prédio, mas não pensa o impacto desta construção na região que for levantado também é alienado em relação à sociedade que vive, ao seu próprio trabalho e sua relação com o meio.

Existem níveis de alienação diferentes. Dizem que os estadunidenses são muito conscientes em relação ao próprio país, mas totalmente alienados em relação ao resto do mundo.

Falemos de rock.

Um roqueiro dos anos 1950 estava pouco preocupado com os impactos políticos, sociais e culturais da música que fazia. O poder mobilizador do rock somente começou a ser percebido a partir da década seguinte, precisamente quando os Beatles desembarcaram nos Estados Unidos, criando o que foi chamado de beatlemania.

Os Beatles naquela época eram jovens alienados, as

meninas que gritavam, choravam e desmaiavam também eram jovens alienadas. Os Beatles, suas fãs, os produtores, os pais das fãs.

O rock começou a pensar quando houve o encontro dos quatro rapazes de Liverpool com um violeiro meio folk, meio rock, meio literatura: Bob Dylan.

Bob Dylan foi dos primeiros a utilizar o poder da palavra no rock, aquilo que falava de grandes bolas de fogo (great balls of fire), tuti-fruti (Wop-bop-a-loom-a-blop-bam-boom/Tutti frutti, oh Rudy, tutti frutti, oh Rudy), e gira e grita (Twist and shout), tornou-se "Quantas estradas um homem precisará andar/Antes que possam chamá-lo de homem?/Quantos mares uma pomba branca precisará sobrevoar/Antes que ela possa dormir na areia?/Sim, e quantas balas de canhão precisarão voar/Até serem para sempre banidas?/A resposta, meu amigo, está soprando ao vento/A resposta está soprando ao vento..." (Blowing the wind).

O rock não veio libertar as mentes das amarras da alienação, para isso existem livros, escolas e universidades, mas feito por quem leu bons livros, foi à escola e frequentou universidades tornou-se alguma coisa de novo.

Os jovens começaram a seguir os refrães cantados por esses novos roqueiros, essa segunda geração do rock: Jefferson Airplane, The doors, Bob Dylan, The Who, Rolling Stones, The Animals, The Mamas & The Papas, The Kinks,

Crosby, Stills, Nash and Young, Joan Baez, Janis Joplin, The Birds e muitos mais.

Com esse pessoal é que surgiu uma outra figura do universo rock: o hippie. Também surgiram as reclamações dos conservadores de plantão, paradoxalmente o rock que buscava tirar o jovem da posição de objeto, gritando consciência era chamado de alienado. Havia a cultura tradicional, surgia a contracultura.

Parece que não querer seguir a vida tediosa e previsível dos pais era uma atitude por demais ofensiva. Junte a isso todo um novo caldo de cultura: ideologias de esquerda, filosofias orientais, uso de drogas (lícitas ou não), liberdade para novas formas de experimentações sexuais e mais.

Eram comuns discursos inflamados contra os caminhos que a juventude "transviada" estava seguindo. "Esses jovens que se perderam pelo caminho", "onde já se viu, um rapaz saudável e cheio de vida não querer ir para o Vietnã lutar por seu país".

Muita diferença entre os heróis de duas décadas: o Elvis dos anos 1950 se alistando no exército e toda uma onda antimilitarista nos 1960 culminando no festival de Woodstock e no movimento "Power flower".

Enquanto isso, no Brasil a ditadura militar reduzia as mentes, apoiava eventos alienantes como Carnaval e Copa do Mundo, inflamando os ânimos nacionalistas. Em suma: alienavam.

Os cantores do programa Jovem Guarda foram os primeiros a serem tachados de alienados no Brasil pelas "elites intelectuais", enquanto isso ganhavam cada vez mais espaço na mídia. Tanto espaço que até hoje Roberto Carlos é cantor contratado por uma emissora de TV.

A salada brasileira entornou geral. Pseudointelectuais que também eram pseudomúsicos e com muita mente vazia organizaram em 1967, em São Paulo, uma passeata contra a guitarra elétrica na música brasileira.

Repetindo: os jovens que não se consideravam alienados organizaram uma passeata contra a guitarra elétrica na música brasileira, buscando não a alienar.

Não vamos nos aprofundar nessa história de passeata contra a guitarra no Brasil porque há um documentário muito bom sobre este período chamado "Uma noite em 67", vale a pena. Participaram da passeata contra a guitarra alguns deuses da música nacional: Elis Regina, Jair Rodrigues, MPB4, Gilberto Gil. Este último deve morrer de vergonha dessa lembrança maldita, Caetano não deve aguentar de vergonha alheia e própria. Nem eu.

Em suma: acreditar que basta cantar uma canção com um refrão insultando o presidente não basta, nem tomar atitudes extremadas como a da famigerada passeata. O rock é apenas música, mas em sua órbita gravitam tantos elementos que seria um erro desconsiderá-los.

Onde queremos chegar com essa volta toda?

Um dos mais pérfidos estereótipos do roqueiro é sua fama de burro. Num tempo longínquo eu sofri com os meus colegas de turma. Diziam que eu não sabia o que estava ouvindo, esses caras estão te xingando e você nem sabe, esse povo aí fica querendo imitar os americanos, nem tem personalidade.

Isso e muito mais. Era um tempo sem internet, as traduções não estavam disponíveis na rede e só havia dois jeitos de saber o que o Iron Maiden dizia em "The number of the beast": esperar alguma publicação com a tradução da letra ou aprender inglês. Então aprendi inglês.

Por mais que eu me esforçasse pra parecer menos burro algumas cenas da mídia não ajudavam: shows em que o público (literalmente) batiam cabeça, filmes como "Quanto mais idiota melhor" passando no horário nobre, depreciação da contracultura: os hippies sendo tachados de sujos, vagabundos, ignorantes, maconheiros. R sendo.

Os alienados somos todos nós.

Por isso entristece perceber que há jovens que se dizem roqueiros e em vez de aprender o caminho que trouxe esse movimento cultural até aqui, aceitam o estereótipo: se emburrecem, se drogam, se vilipendiam. O rock é apenas música, mas contribuiu tanto para trazer o mundo dos últimos cinquenta anos até aqui, que é triste ouvir algumas músicas serem chamadas de rock por muita gente interessada em ganhar algum com isso.

Não somos tão velhos como o leitor pode supor, mas nessas três últimas décadas já ouvimos muita coisa ser chamada de rock'n roll: Madonna, Cindy Lauper, Michael Jackson, Menudo, João Penca e Seus Miquinhos Amestrados, Virgulóides, Elton John, New Kids on The Block, Polegar, Dominó; sem contar o festival Rock'n Rio com preciosidades como Elba Ramalho, Sandy e Júnior, Cláudia Leite, Ivete Sangalo, Carlinhos Brown, Moraes Moreira.

Ai meu santo protetor dos roqueirinhos. Não estamos, nem de longe, ofendendo os cantores, grupos e bandas acima; mas é uma pulga que fica atrás de muitas orelhas um dos personagens acima estar num festival de rock e muita gente que já foi citada neste livro, nunca ser, nem sequer, convidado.

Ser roqueiro, músico ou não, é ter os pés fincados de alguma forma, na contracultura. O rock é polimorfo, varia no tempo e no espaço, mas quando se esvazia deixa de ser rock. Por isso que a visão rock'n roll que defendemos desde o começo independe da música que a pessoa produz, está muito mais ligada ao tipo de relação com a sociedade, a indústria fonográfica, a arte, a política e até a música. Ressaltando que não é necessário o band leader empunhar uma bandeira "Salvem as baleias", nem virar o Sting e sair por aí se auto promovendo ao lado do Cacique Raoni. Atitudes que fizeram escola até fora do universo rock, mas que não tem nada a ver com consciência, é apenas mais alienação, que chama mais alienação.

Sou muito mais o John Lennon que foi morar em Nova York e mandou comprar, pagando do próprio bolso, um colete a prova de balas pra cada policial da cidade, ou Elton John que fundou uma entidade de auxílio aos portadores do vírus HIV. Nada disso está na grande mídia e nem deve estar. Mas quando estiver que seja para promover as causas, o pensamento, a reflexão, a autonomia do ser humano. Pois é isto que o primeiro hippie buscava quando saiu de casa só com a roupa do corpo se recusando a fazer parte do sistema, é isto que Bob Dylan diz estar sendo soprado no vento. Não é isso que está nas letras das canções do BTS.

Doutrinação ideológica, escola sem partido e Educação Moral e Cívica

Conheci o Ensino Público na década de 1980 (sim, já estou bem velho) e naquela década havia por meio do estado um debate a respeito de proteção à criança através de uma nova lei que seria aprovada para proteger meninos e meninas de maus tratos praticados nas escolas, ambientes públicos e até pelos próprios pais. O Estatuto da Criança e do Adolescente retirava dos professores, por exemplo, o direito de dar uma palmada no aluno caso o mesmo incorresse em desinteresse, birra ou agressão ao coleguinha. Era o fim da palmatória, ainda praticada em alguns muitos colégios, públicos e privados.

Conheci o Ensino Público numa época em que as escolas da periferia (sim, estudei em colégio público de periferia), numa época em que as escolas de periferia funcionavam em quatro períodos, cada aula durava quarenta e cinco minutos, cinco delas por dia e não raro faltavam professores para lecionar tais disciplinas. Funcionando em quatro períodos uma das pessoas mais importantes da escola era a senhora do portão, era ela quem passava o dia inteiro atendendo aos sinais, abrindo e fechando, mandando entrar ou deixando sair.

Conheci o Ensino Público no fim dos

governos militares (sim, eu sou do período militar). As escolas nesta época ainda não entendiam muito a sua função. (Será que entendem hoje?) Eu tive na sexta série B a disciplina de Educação Moral e Cívica, teria tido OSPB na sétima, mas foi retirada para a inclusão de um conteúdo chamado Desenho Geométrico, que nunca entendi direito para que servia e tenho absoluta certeza que nem a professora.

Conheci o Ensino Público numa escola com aulas da Primeira Série do Primário ao Terceiro Ano Colegial. (Sim, estudei a minha educação básica integralmente numa mesma escola). A Lei de Diretrizes e Base da Educação (Lei 9394/96) foi promulgado no fim da minha jornada escolar. Não tive tempo de receber suas benesses como ter o ensino dividido em períodos conhecidos como Ensino Fundamental, Médio e Superior, progressão continuada, escolas divididas para alunos dos ciclos iniciais.

Quando comecei minha alfabetização, os alunos do nono ano do hoje chamado Fundamental II tiveram de fazer uma espécie de Vestibulinho para serem admitidos no primeiro ano do Colegial da escola que já frequentavam. Não havia garantia nenhuma de vagas para todos os que terminavam o ciclo anterior. Nenhum deles.

Felizes os que estavam nas escolas quando as havia. Tive, na medida do possível, por ser morador do lugar que morei, uma relativa sorte por ter concluído os estudos básicos sem nenhum entrevero maior. Salvo a escandalosa falta de qualidade de ensino.

Conheci o Ensino Público com os professores preparados para ensinar de forma militar e repetitiva, livros didáticos que incentivavam o acúmulo de conteúdos sem a preocupação em criar significado em nada, com a desculpa de que aquilo serviria para o futuro. O futuro, o futuro...

Lembro que olhava para a vizinhança e não via muito sentido em estudar as primeiras civilizações se formando às margens dos Rios Tigre e Eufrates, que recebeu o nome de Mesopotâmia "que significa terra entre rios". A professora falava que as pessoas da antiguidade escolhiam as proximidades de rios para construírem suas casas.

Eu morava ao lado de um rio, um córrego que transbordava toda vez que chovia e eu que tinha minha casa alagada constantemente precisava estudar os efeitos da cheia do Rio Nilo para o progresso da Civilização Egípcia.

Não conseguia atinar sentido em nada que via na escola, mesmo sendo considerado por todos um bom aluno, nunca fiz nada além de replicar os conhecimentos enciclopédicos propostos.

Achava o colégio uma perda de tempo e na época culpava os professores, hoje sei que a questão é muito mais complexa.

Conheci o Ensino Público vendo meu colega que estudou comigo todo o Primário ir fazer o Colegial em escola particular porque seu pai podia dar uma educação de melhor qualidade para ele (sim, tive muita inveja do colega que foi para uma escola melhor porque o pai podia pagar). Acho que, podendo voltar no tempo, recriminaria meu eu criança dizendo que a escola é muito importante e que mais importante que o local onde se estuda é a disciplina para se organizar, se preparar, se concentrar, tendo metas e objetivos concretos. Não sei por onde anda o coleguinha que mudou de escola, mas se tivesse um filho também pagaria colégio particular.

Estudei em faculdades públicas e privadas. Me especializei de diversas formas, mas o momento da vida que mais aprendi foi no hiato que tive entre o término da minha Educação Básica e o início do Ensino Superior. Foram quatro anos de frequência absoluta à biblioteca: duas, três, quatro vezes na semana. Lia de forma alucinada como um alucinado. Dormia com livros, comia com livros, andava com livros, sonhava com livros.

Desta forma conversei com vários mortos: Machado, Tolstói, Lispector, Sérgio Porto, Nelson Rodrigues. Alguns vivos à época: Garcia Marques, Jorge Amado, Ferreira Gullar, Phillip Roth, Décio Pignatari. Outros ainda vivos, ao menos enquanto rabisco este artigo: Adélia Prado, Rubem Fonseca, Luís Fernando Veríssimo. Tive os melhores professores nas páginas dos livros que frequentei enquanto caminhava nos corredores da singela e simples biblioteca pública Monteiro Lobato no centro de Guarulhos.

Minha mãe tem um orgulho cruel de mim, diz que sou inteligente e que isso é uma benção. Eu sei das minhas limitações e que, se aprendi algo, devo a horas e horas de leitura aficionada. (Não sei jogar vídeo games, não consigo calcular equações muito complexas, nunca aprendi a tocar nenhum instrumento musical, nem assobiar, não tenho a menor habilidade esportiva ou coordenação motora, apenas sei o que os livros que escolhia podiam ensinar).

Na escola sempre fui "zoado" pelos "colegas" e nunca fui reclamar com a professora ou direção. Não por ter resiliência, simplesmente por não saber que assim podia proceder e das vezes que reclamei que era agredido física ou moralmente fui chamado de fraco e mariquinha até por professores, inclusive quando cortaram meu cabelo com uma tesoura afiada ou me ameaçaram de morte por ser homossexual, sendo que não sou homossexual. Mas assim eram tratados os meninos de óculos aficionados por leitura.

Pois bem, se me ative tanto ao relato da minha experiência escolar é por conta do debate exposto no título deste texto sobre a doutrinação nas escolas e se é necessário combatê-la por meio de um projeto chamado Escola Sem Partido.

Neste projeto, muito mal explicado, diga-se de passagem, seria afixado na parede de cada escola um cartaz com as obrigações dos professores em sala de aula. O objetivo seria evitar a doutrinação esquerdista e consequente partidarização política dos alunos. Os educandos seriam chamados a denunciar se o professor passasse do ponto nas explicações que envolvem gênero, sexo, posicionamento político e um etc difícil de entender.

Fui sim levado a acreditar que o pensamento de esquerda era o adequado para um menino pobre e futuro proletário em empresas que me expropriariam do fruto do meu trabalho, a mais-valia. Porém esta doutrinação não estava apenas nos livros, mas nas novelas da Rede globo apontando os empresários como vilões, nos filmes do cinema novo apontados como clássicos nas revistas semanais como Veja e Isto é, nas listas da FUVEST com livros de escritores com viés socialista como Graciliano Ramos e Jorge Amado (nunca Rachel de Queirós ou Nelson Rodrigues), na insistência da minha própria leitura de uma coleção chamada "Primeiros Passos" com o ponto de vista de certos assuntos dados por professores, escritores, estudiosos, especialistas de esquerda, dando o pontapé inicial para cada assunto como nos livros que lia e relia: o que é comunismo, o que é ideologia, o que é cinema, o que é anarquismo, o que é mais-valia, o que é retórica, etc, etc, etc...

A questão de haver uma corrente dominante de pensamento no Brasil passa um pouco por Gramsci, assim como apontam os que atacam a dita doutrinação nas escolas, mas passa muito mais pelo descaso na educação que foi e é corrente no Brasil desde antes de seu nascimento como país independente.

O que quero dizer com toda essa conversa?

Quero dizer que tive muita sorte de ter uma escola péssima para me formar e conseguir me alfabetizando minimamente entrar num curso superior mais ou menos e a partir disto pensar em traçar uma carreira docente, talvez escritor, e assim por diante.

Esta escola péssima que tive foi o melhor que uma criança pobre poderia ter à época. Se eu tivesse nascido dez anos antes provavelmente nem alfabetizado seria, talvez quatro anos de escola, o que era a média.

Tivesse eu nascido trinta anos antes teria passado longe dos bancos escolares, cinquenta anos antes não saberia o que era um professor, mais trinta anos antes disso teria morrido de verminose no interior do mato de uma cidadezinha qualquer do Espírito Santo.

No Brasil Colônia não apenas a educação era difícil, mas proibida por decreto real. Jornais e livros vetados também. Este território que convencionou-se chamar Brasil era uma empresa a serviço do Império Português e qualquer coisa que não levasse ao enriquecimento imediato da coroa e sua corte era desmotivada.

Os primeiros livros chegaram oficialmente aqui com a Biblioteca Real de Portugal transplantada para o Brasil durante a fuga da família real trazendo D. João, o único a enganar Napoleão, segundo o próprio. Este momento representou muito mais que apenas o início do processo de independência do Brasil, mas também o começo da construção de um conceito de identidade nacional: um país conservador, católico, rural, aristocrático, sebastianista, atrasado, obtuso e muitos outros adjetivos do gênero. Vou deixar umas lacunas para que o leitor complete como desejar, e descordando possa se expressar___________________________,

___________________________,

___________________________,

___________________________.

O que estou querendo dizer com todas essas voltas é que não é esta a discussão que deveríamos estar travando. Há coisas mais urgentes no horizonte próximo que discutir na educação a doutrinação ideológica nas escolas.

Lembro do Euclides da Cunha denunciando que havia no sertão brasileiro uma população enorme que vivia à margem do processo civilizatório. Eram favelados em Canudos, mortos de fome, tuberculose, verminose, moribundos com sede, lepra, morte; e em vez de civilização levaram bombas, canhões, tiros, soldados e mais morte.

Há toda uma população nas escolas públicas brasileiras sofrendo de escassez de tudo o que pode faltar num colégio: corpo docente, corpo gestor, mobiliário, segurança pública, saneamento básico, água limpa, livros, cadernos, canetas, lápis, teto (algumas escolas funcionam ao ar livre, em paredes de latão, em meio a favelas tomadas pelo tráfico, e os problemas não se resumem num parágrafo).

Por que é tão gritante que num universo como este os alunos comecem a questionar o capitalismo, que para eles sim está sendo selvagem e se alinhem ao pensamento de pensadores esquerdistas? Nada mais óbvio do que os que não tem nada querer dividir o que percebem como seu por direito. Mesmo sendo uma ideia errada e fruto de estruturas mentais preconcebidas.

O Estado Brasileiro foi criminoso ao longo de séculos. Proibiu as escolas, depois as ofereceu aos filhos das classes mais altas e quando a universalizou proporcionou aos estudantes as disciplinas que não careciam de muito investimento, as humanas. Isso mesmo.

É muito caro um curso com foco em química, biologia, física, matemática. Laboratórios custam os olhos da cara. Construíram-nos próximos aos grandes centros, longe das periferias, perto das famílias de mais posses. Para as escolas do Capão Redondo filosofia, sociologia, geografia, história, língua portuguesa para os poucos que conseguiam frequentar.

Não faço aqui julgamento de valor em relação a um conteúdo em detrimento a outro. Falo de gastos e é óbvio que um livro de filosofia é um investimento mais barato que um kit de química. O Ensino Médio tradicional é quase um curso de humanas, os professores destas disciplinas, em geral são combativos, politizados. Está na raiz de sua formação docente, retirar isso deles é como proibi-los de ensinar. E utilizando sua liberdade de cátedra, posicionam os alunos da forma que acreditam ser a certa. Afinal, é Paulo Freire mesmo quem diz em seu Pedagogia da Autonomia que o professor deve sim se posicionar e levar o aluno a ver o erro que incorre em apoiar certos políticos.

E sei sim que tudo isso é muito e muito discutível. Mas o que quero dizer mesmo é que antes de pensar em doutrinação nas escolas é preciso oferecer às crianças do Brasil uma educação de qualidade, é preciso reformar e modernizar prédios, investir em aparelhos de ar condicionado (impossível se concentrar para estudar no calor de certos locais do Brasil), investir em equipamentos específicos para cada disciplina, dar autonomia para os gestores administrarem os recursos das escolas e vigiar sua adequada aplicação, reformar sistematicamente os livros didáticos, é necessário investimento maciço nos primeiros anos do Ensino Fundamental (na alfabetização, sim na alfabetização, inclusive na alfabetização matemática fundamentando os professores com projetos de capacitação e aprimoramento), (vou ser polêmico) privatização urgente das universidades públicas brasileiras, valorização da profissão docente com plano de carreira claro, aumento expressivo de salários e bonificações tornando assim a carreira de professor atrativa para as melhores cabeças. Isso e muito mais. Combate ao tráfico de drogas nas portas das escolas, fortalecimento de cursos técnicos e fim desta balela de escola de período integral. Manter os alunos nas escolas o dia inteiro não funciona. Vou repetir: manter os alunos nas escolas o dia inteiro não funciona (alguém digita Pier Luigi no Youtube pra saber do que eu estou falando – se o fulano fica o dia todo tendo aula, quando é que ele vai parar pra estudar???)

Depois de resolvermos tudo isso e muito mais, talvez, e apenas talvez, possamos começar a questionar se o professor X ou Y leva o aluno a pensar de forma A ou B e sim, isto tem consequências nefastas sim.

Gritar que o professor só ensina Marx e isto é errado é coisa de gente que vive em bolha e não entende nada do Brasil real. Neste país real os alunos terminam o Ensino Médio sem decorar a tabuada do três, ignoram o conceito de fração, não sabem quem foi D. Pedro I, não leem um texto básico, não escrevem um simples bilhete com coerência, não compreendem um comando vindo de um período composto por subordinação, não desenham um ó sentando na areia, não entendem por que sua escola é tão pobre em relação ao do morador dos bairros ricos, não veem perspectiva e não sabem o significado da palavra perspectiva.

Não entendem o conceito de ironia. Não sabem o que é Constituição Federal. Não sabem aprender a aprender e o poder do autodidatismo. Não se tornam o que poderiam ser. Nunca serão seres autônomos e livres prontos para a cidadania e o mercado de trabalho como rege a LDB.

No Brasil o professor é mais uma vítima de todo esse processo vil, não adianta querer transformá-lo no vilão enquanto grupos econômicos disfarçados de universidades e sistemas de ensino jogam na bolsa o destino de mais uma geração deformando o conceito de ensino universitário.

Eu aqui parabenizando os professores pelo que conseguem extrair de bom dos alunos apesar de terem tudo contra si e vem você preocupado com doutrinação ideológica?

Faça-me o favor.

Análise do disco "Sobrevivendo no inferno" dos Racionais MCs – Livro de leitura obrigatória na Unicamp 2019

O Brasil não existiu desde o descobrimento e se alguém disser pra você que Pedro Alvares Cabral descobriu um país gigante e continental estará fazendo uma leitura anacrônica da história, o que vale dizer que estará vendo o descobrimento de uma maneira equivocada.

Cabral não descobriu o Brasil, mas uma faixa de terra que pensou ser uma ilha, isto como extensão da expansão imperialista do Reino Português do período que seu professor de história costuma chamar de Mercantilismo.

Cabral deu à terra descoberta o nome de Ilha de Vera Cruz. O caráter religioso da empreitada está claro, nunca ignorando todos os motivos que fizeram os portugueses aportarem por aqui.

A invenção do Brasil é uma pergunta complexa e temos que tomar muito cuidado com as respostas simples para as perguntas complexas. (É muito comum, por exemplo, nos referirmos aos primeiros brasileiros como colonos, índios (indígenas por conta do politicamente correto) e negros. Mas nenhuma dessas raças se reconhecia como tal. Os portugueses que nasciam por aqui se entendiam como portugueses, apenas no século XXI começaram a utilizar o termo populações indígenas e quanto aos negros, bem, quanto aos negros vamos desenvolver ao longo deste texto).

Dito isto posso afirmar que quando descobriram que o litoral daquela terra não tinha fim, e que era tudo muito mais vasto do que previam, trataram de mandar mais e mais gente pra cá. (Não ignoro a visita dos franceses, holandeses e espanhóis por estas paragens, mas não dá pra aprofundar por aqui, fica pra uma outra oportunidade) Os portugueses sempre aliados à Igreja Católica na figura dos padres jesuítas, que sempre foram meio padres meio guerreiros trataram de vir para a agora Terra de Santa Cruz fazer o que os posseiros fazem quando encontram uma terra sem uma cerca. (Isto e a catequização, obviamente).

De lá pra cá os católicos portugueses e os também católicos jesuítas tiveram de se relacionar com os índios, com os estrangeiros que teimavam em aportar por estas paragens e com a mão de obra escrava que começou a ser trazida desde o primeiro século de colonização, num êxodo sem precedentes na história da humanidade a população africana foi levada como mão de obra escrava para todas as colônias portuguesas, incluindo o Brasil obviamente, mas também levados por outros povos, houve escravidão negra em diversas partes do mundo, no mundo inteiro. Os ingleses ficaram marcados na história como abolicionistas, mas competiam por cativos nos portos africanos junto a espanhóis e também holandeses.

Mas nunca se engane, a escravidão no nosso senso comum se refere à população da África, mas havia escravos na Grécia, Egito, Império Romano; o próprio termo em inglês "slave" se refere aos eslavos, povo que foi escravizado pelos bretões em certo período da história.

No que tange ao Brasil das três raças, como se dizia antigamente, os negros foram escravizados com a conivência e o suporte do governo português, Igreja e comunidades africanas da África (comunidades (tribos, reinos, governos, impérios) que em certa medida viam com naturalidade a venda de inimigos para o mercador de um país distante, comércio obviamente lucrativo devido ao longo período que ocupa em nossa história).

Em países como os Estados Unidos não houve mistura significativa de raças, havia os brancos junto aos brancos e os negros com os negros, em países como o Haiti de população majoritariamente negra ocorreram eventos traumáticos, como a luta pela independência tornar-se um massacre étnico com o poder nas mãos dos afrodescendentes agora donos de um país independente.

De uma ou de outro a forma como o Brasil deve ser olhado é muito diferente, pois aqui não houve apenas a mistura, mas a construção de uma verdadeira sociedade calcada na escravidão. E este é o ponto nevrálgico do processo de formação cultural brasileiro.

É comum falar que no Brasil houve a miscigenação, mas uma leitura mais aprofundada da história, História bem estudada, com H maiúsculo, leva a perceber o quão difícil foi para uma sociedade alicerçada nesse modelo se livrar de algo mais que vergonhoso para a sua formação.

Aqui não houve apenas escravidão, houve uma sociedade escravista com todas as relações afetivas, humanas, econômicas, de trabalho, enfim, todas as relações sociais eram pedradas na concepção de que pessoas tinham a obrigação de trabalhar de forma compulsória para outras que não tinham a obrigação nenhuma de trabalhar para a conquista do próprio pão.

A escravidão está no DNA do nosso tecido social, o que vale dizer que todos nós brasileiros somos, em certa medida, escravistas. Mesmo os negros, os que mais sofrem com as consequências da construção deste modelo social quiçá único no mundo.

Digo isso por conta do incrível número de pessoas trazidas compulsoriamente para as Américas e em específico para o Brasil. De todos os cativos sequestrados na África, segundo dados alfandegários da época, cerca de quarenta por cento desembarcaram no Brasil. Isso sem levar em conta o número de mortos durante a travessia; o Oceano Atlântico é um verdadeiro cemitério onde foram enterrados homens, mulheres (grávidas inclusive) e crianças.

A literatura da época, a de melhor qualidade como o Manuel Antônio de Almeida narrando as aventuras de Leonardo Pataca e seu filho em "Memórias de um Sargento de Milícias. Notem como neste livro o trabalho é visto como algo relegado às classes inferiores, o sonho de todos ali é arranjar-se, se dar bem, deixar de trabalhar, o próprio título da obra se refere a isto, um sargento de milícias é alguém que recebe uma pensão vitalícia sem que para isso tenha que trabalhar, obviamente.

O Brás Cubas de Machado de Assis se orgulha de ao final da vida nunca ter precisado trabalhar, sua família esconde as origens humildes, como se o trabalho honesto tivesse manchado as origens aristocráticas de uma família que deveria se orgulhar do posto alcançado na escala social através de muito suor.

No Brasil o trabalho nunca enobreceu, somos um país de preguiçosos e é muito perigoso falar isto em voz alta.

Não à toa é tão difícil fazer a reforma da previdência social, todos aqui sonham com o dia de aposentar-se para enfim deixar de trabalhar, tornando-se assim um sargento de milícias, um Brás Cubas; se arranjando, se aristocratizando, como o João Romão de "O Cortiço" explorando até o fim sua escrava barra concubina Bertolesa.

Aposentar-se o quanto antes, se possível agora.

O que você faria se ganhasse na mega sena, 100 milhões de reais, você brasileiro, onde trabalharia?

Os negros legitimados como propriedades não se reconheciam em certa medida como seres autônomos. Não dá pra ensinar de uma hora pra outra que certas pessoas, todas elas, tinham e têm o mesmo direito, pois independentemente da cor da pele, da condição de nascimento somos todos seres humanos. (E isto é a coisa mais óbvia que você lerá hoje).

A sociedade brasileira se constituiu, na sua origem, de pessoas que trabalhavam e de outras que escravizavam os que trabalhavam. Mas o tecido social daqui era tão complexo que era a coisa mais comum ex-escravos possuírem escravos. Escravos comprarem escravos com dinheiro que conseguiam juntar em trabalhos extras que faziam não para seus senhores, mas para outras pessoas que se recusavam a realizar determinadas tarefas. Alguns negros juntavam dinheiro para comprar sua alforria, mas preferiam comprar um escravo para realizar tarefas para si.

Também muito comum a defesa da escravidão por muitos: fazendeiros, donos de escravos. Estes não viam lucro nenhum em ter de pagar por uma mão de obra que tinham gratuitamente. Desde que a mantivesse viva com algumas refeições e local de dormir. Havia muita gente pobre mantendo cativos como investimento, explorando o trabalho sem o menor escrúpulo, pois no Brasil isso era o natural, era a vida tal qual se concebia.

Gente muito "ilustrada" defendeu a escravidão com o argumento de que a economia brasileira era baseada nela, ou a defesa da autonomia das decisões nacionais que não podiam se subjugar aos desmandos de Inglaterra, Estados Unidos ou Portugal.

Resultado de imagem para segregated schoolsO fim da escravidão aconteceu paulatinamente, ao longo de décadas, de forma conservadora e desorganizada no que tange aos direitos dos antigos escravos, agora seres humanos livres, mas muito longe de serem cidadãos de primeira classe. Após ela (a escravidão oficial) não houve nenhum processo de inclusão, apoio, suporte às populações de ex-cativos. Pelo contrário, varreu-se tudo o que foi relativo a isto para debaixo do tapete e ao longo de todo o século XX os descendentes dos escravos, ou qualquer afrodescendente teve de viver num país que se recusou a refletir sobre seus quase quatrocentos anos de escravidão de populações vindas da África.

É neste ponto que o disco"Sobrevivendo no inferno" entra nessa história.

Nos anos 1960 houve nos Estados Unidos a luta pela igualdade de direitos civis, a independência norte americana e a guerra de secessão deixaram a questão racial muito mal resolvida, segregação que permitia que uma prefeitura construísse escolas para negros e para brancos separadas, e é claro que se sabe qual era a de pior qualidade.

Universidades que proibiam o ingresso de negros, postos de trabalho vetados para esta população.

Lanchonetes com cartazes de "não servimos negros", ônibus onde negros sentavam na parte de trás e deveriam levantar-se para nenhum branco ficar em pé enquanto estes estivessem sentados, na Segunda Guerra Mundial não havia um único oficial negro no exército. No Vietnã o questionamento de os negros serem enviados para morrer enquanto os brancos viviam o sonho americano.

Há um filme idolatrado por muito americano classe média chamado "O nascimento de uma nação", nele o fundador da klu klux klan é o grande herói que apenas torna-se herói após criar a klã (que me recuso a escrever em letras maiúsculas). Este filme é uma verdadeira obra de arte em termos de apuro técnico, revolucionou o modo de fazer cinema no mundo, muito por conta da forma inovadora com que a edição se dá, porém seu conteúdo é altamente nocivo, o triunfo da cultura wasp em detrimento do esfacelamento de outro povo.

Pois bem, após Luther King, Malcom-X, movimento Hip Hop e empoderamento da agenda pela luta pelos direitos civis (não se engane, os Estados Unidos continuam extremamente segregados: há bairros de negros, de brancos, casamentos inter-raciais são raros e é preciso tomar muito cuidado com a polícia de alguns estados, vira e mexe acontece algum protesto contra policiais que mataram jovens negros desarmados na frente de sua própria casa), e esta luta por direitos civis chegou ao Brasil vinte anos depois na esteira do Hip Hop; um movimento cultural artístico extenso que teve sua origem nos bairro negros segregados de Nova York: Bronx, Harlem, Queens.

No Brasil as periferias das grandes cidades, em especial São Paulo foram as que receberam de forma mais prolífica as vozes de grupos como Run – D.M.C., Public Enemy, Sugarhill Gang, Beast Boys e muito mais.

O discurso confrontador da realidade alcançou o jovem Mano Brown, morador de um bairro paupérrimo da periferia paulistana. Neste ínterim a música dos Racionais MCs, banda de Mano Brown, serviu como válvula de escape para as vozes que não tinham, por vezes, a mínima noção da realidade pela qual passavam. Milhares, milhões de jovens brasileiros morreram sem saber que eram vítimas de uma construção social secular, que as levou a mergulhar cada vez mais fundo na miséria, no subdesenvolvimento e, não raro, na criminalidade.

O disco "Sobrevivendo no Inferno" data de dezembro de 1997 e é das poucas unanimidades da música brasileira, é sem dúvida o disco mais importante do rap nacional. Uma obra prima.

Faixa por faixa os problemas trazidos pelo tecido social racista brasileiro são desvelados.

Em pleno fim de milênio ainda não se resolveu no Brasil a questão racial.

Ao contrário dos Estados Unidos onde os negros são, de fato, minoria, no Brasil negros e afrodescendentes passam de 51% da população, mas são minoria em universidades ditas públicas, em profissões de maior prestígio social como medicina, direito e engenharia.

Afrodescendentes são maioria em presídios, favelas e periferias; também são maioria em escolas públicas apenas nos anos iniciais já que são forçados à evasão ao longo dos anos escolares devido às condições de vida geradas pelo abandono histórico de que são vítimas.

Na pirâmide social os negros são maioria na base e na base da base está a mulher negra, solteira com filhos.

A leitura e não apenas audição deste disco é fundamental.

Nele se percebe o que quinhentos anos de mestiçagem fez ao brasileiro, uma população religiosa, pobre e segregada.

Em sua capa a imagem da cruz remete toda a obra ao cristianismo, mas o primeiro texto é uma canção de Jorge Ben Jor: Jorge Capadócia. Santo sagrado para as religiões católicas e candomblé. O disco pede proteção a Jorge e diz que "Eu estou vestido com as roupas e as armas de Jorge para que meus inimigos tenham pés e não me alcancem para que meus inimigos tenham mãos e não me toquem".

O que haverá ao longo da obra é este discurso pedrado no sincretismo religioso, palavra um tanto em desuso, mas que significa aqui, resumidamente, a mistura das religiões católica e candomblé.

A segunda é uma música instrumental chamada gênesis, novamente a relação com a cultura cristã. E a primeira música com texto inédito surge, não sem antes o antológico discurso:

"Sessenta por cento dos jovens de periferia sem antecedentes criminais

Já sofreram violência policial

A cada quatro pessoas mortas pela polícia, três são negras

Nas universidades brasileiras

Apenas dois por cento dos alunos são negros

A cada quatro horas, um jovem negro morre violentamente

Em São Paulo

Aqui quem fala é Primo Preto, mais um sobrevivente"

Ninguém nunca pediu as fontes de tais afirmações, mas não está dizendo nenhuma novidade, ao menos para os moradores dos bairros mais pobres da cidade.

A própria formação das periferias brasileiras, de norte a sul, se deve ao abandono que grande parte da população pobre brasileira sofreu ao longo de toda a sua constituição enquanto povo. Na periferia paulista negros, nordestinos e seus descendentes lutam para a conquista de um dia a dia ao menos digno.

Enquanto crescem o tráfico de drogas, o descaso, a violência e falta de tudo. Muito do protesto contido no discurso ao longo de todo o disco é a presença do poder público apenas na figura da polícia, tida como inimiga da população negra "não confio na polícia raça do caralho" (verso de uma canção de outro disco da mesma banda e presente como incidental aqui)

A primeira letra chama-se "Capítulo 4, versículo 3. Nela Mano Brown se apresenta e diz que suas intenções não são boas. Vale notar que o coloquialismo, a linguagem ao longo de todo o disco atinge um outro nível de regionalismo. Mano

Brown mais de uma vez diz que não falava gírias, mas um dialeto. Talvez um pouco difícil para moradores de outros estados, outras classes sociais. Em certo momento desta canção alguém diz que não valeria a pena "dar ideia" em certos tipos, no que a voz principal de Brown responde que "quem era ele pra falar de quem cheira ou quem fuma, nunca teve porra nenhuma'.

A primeira canção pra valer do disco é uma pedrada das grandes e fala do próprio criar artístico e do poder que tem pra mobilizar de alguma forma a sociedade, não com essas palavras, é claro, mas nas de Brown: "Quatro minutos se passaram e ninguém viu / O monstro que nasceu em algum lugar do Brasil" e termina com os icônicos e profundos versos "Eu sou apenas um rapaz latino americano /Apoiado por mais de cinquenta mil manos / Efeito colateral que o seu sistema fez / Racionais capítulo quatro versículo três".

"Tô ouvindo alguém me chamar" tem toda a característica de um conto, embora seja uma letra de rap, obviamente construída em versos, narra a história em primeira pessoa de um jovem que se aliou a um assaltante e ao longo da narrativa conta suas experiências, as infâncias pobres dos que se tornam assaltantes, as opções de vida que poderiam ter caso houvesse a possibilidade, o Guina (antagonista, que chama o narrador e ao final ordena sua execução) tinha liderança, poderia ter trabalhado numa multinacional.

O verso refrão "tô ouvindo alguém me chamar" pode ser traduzido aqui como o chamado da bandidagem, chamado sedutor para jovens que são obrigados a ir pra escola com roupas doadas, ditas de esmola pelo narrador. Que nunca são ninguém em momento algum, mas que se sentem poderosos com uma arma na mão. Alcançam o poder que a sociedade nega. (Ao longo de todo o disco o termo utilizado é "sistema").

O narrador é morto a mando do Guina, o mesmo que o chamou para a vida do crime, uma metáfora clara de qual seria e será o destino dos que se envolvem na criminalidade. Uma vida curta, um destino violento numa vida violenta. A cena da camisa colando em seu corpo é narrada de forma arrebatadora e triste, sensibilidade poucas vezes percebida em altos textos literários:

"mas depois do quarto tiro eu não vi mais nada

Sinto a roupa grudada no corpo

Eu quero viver

não posso estar morto!

Mas se eu sair daqui eu vou mudar

Resultado de imagem para carandiruEu tô ouvindo alguém me chamar"

A canção "Rapaz comum" é quase que um tratado descritivo de um jovem negro morador da periferia, sua proximidade com as armas, seu destino também trágico, assim como em "Tô ouvindo alguém me chamar" a morte para os que se envolvem com o mundo do crime.

Neste momento me ocorre que a capa do disco pode estar dizendo muito mais que uma cruz, pode ser a sepultura dos jovens negros mortos, subtraídos de suas vidas neste ambiente insalubre.

O rapaz comum também ouviu alguém chamá-lo, a presença da mãe na sepultura do filho é uma das mais fortes ao longo do disco, e olha que há muitas mortes ao longo de toda a composição.

Após um interlúdio que reforça o caráter temático do disco o que aparece é a canção de maior sucesso da obra e talvez de toda a carreira dos Racionais MCs: "Diário de um detento"

Canção que tem como motivo o conhecido massacre da Casa de detenção do Carandiru ocorrido no dia 3 de outubro de 1992, em nenhum momento as palavras detenção, presídio ou Carandiru são mencionadas.

O desejo de fugir (não é segredo pra ninguém o número de túneis cavados pelos presidiários ao longo dos anos) "de um a cem a minha chance é zero".

Um ambiente quase naturalista é pintado: o policial vigiando, a vida na coletividade, o metrô passando (o presídio era localizado na Estação Carandiru do metrô, a menos de meia hora do centro de São Paulo, nesta estação o metrô passa por sobre viadutos e era possível a quem passasse ver o interior do presídio), as calças bege, mais religião "Graças a

Deus e à Virgem Maria./Faltam só um ano, três meses e uns dias." O cheiro de Pinho sol, famoso desinfetante que deveria dar o tom acre do local, o destino dos estupradores, o futebol como distração.

É a canção menos conotativa de todo o disco, de letra bem objetiva narra a entrada da polícia, a forma como se tornaram alvos, a índole dos que morreram e antes disso a relação dos presidiários com a família.

A canção começa localizando o leitor na narrativa em relação ao período histórico, 1º de outubro de 1992 e termina com os famosos versos: "Mas quem vai acreditar no meu depoimento?/Dia 3 de outubro, diário de um detento."

Algumas cenas fortes são narradas, como ao citar o papel dos cães da polícia, ou ao comparar a ação que culminou com o massacre a de um Robocop: "O Robocop do governo é frio, não sente pena. / Só ódio e ri como a hiena."

Mas nada perto de uma história que sabemos ser verídica. Neste dia morreram oficialmente 111 presos.

Na sequência a canção "Periferia é periferia (em qualquer lugar)" a descrição do local onde a maioria das histórias narradas no disco acontecem. Um tema muito recorrente na obra dos racionais, mas que já havia sido trabalhada de forma genial em uma canção de outro disco "Fim de semana no parque" com a qual esta parece conversar, ao menos incidentalmente escuta-se: "Milhares de casas amontoadas" no ritmo da de "Fim de semana no parque".

"Em qual mentira vou acreditar" narra a história de um jovem saindo à noite para se divertir e os entreveros que têm de passar, como por exemplo a polícia que o para para uma revista alegando que racismo não existe: "Escuta aqui: o primo do cunhado do meu genro é mestiço/Racismo não existe, comigo não tem disso. É pra sua segurança".

E a cada nova intromissão o refrão "Tem que saber curtir, tem que saber lidar/Em qual mentira vou acreditar?"

A canção acaba por ser a mais alegre do disco, mesmo quando um falso evangélico aparece e pede drogas com um óbvio disfarce para algum projeto ilícito no futuro, nesse caso estou apenas especulando, mas "Tem que saber curtir, tem que saber lidar/Em qual mentira vou acreditar? "

Na última canção "Mágico de Oz" os Racionais fazem um resumo de tudo o que foi dito, e após tanto falar de religião aponta para um mundo de fantasia, quem sabe o desespero, "queria que Deus ouvisse a minha voz/E transformasse aqui num Mundo Mágico de Oz".

Não sei se a citação tinha este objetivo, mas o Mágico de Oz da história era um falso ídolo. Dorothy persegue o mágico ao longo de toda a história e a solução para a saída daquele lugar horrível que se encontrava eram seus próprios passos. Bater os sapatos e dizer "não há lugar melhor que o lar".

Uma esperança em meio a tanto sofrimento na vida

dos que vivem na periferia?

Como sair de um lugar assim?

"Tudo dentro de casa vira fumaça, é foda

Será que Deus deve estar aprovando minha raça?

Só desgraça gira em torno daqui"

O refrão lembra muito uma oração cristã, e não deixa de ser digno de nota esta oração pedir que transforme o local num mágico de Oz, um local com fadas, bruxas e magia, de um falso mágico, mas com esperança. Pois é o que menos existe na vida dos jovens negros moradores de periferia. A esperança, mesmo a tênue, mesmo aquela que se encontraria no final da estrada de tijolos amarelos.

Dez livros que você não vai ler, mas deveria.

O problema das listas não são os livros que entram, mas os que ficam fora. E este é o lugar comum dos lugares comuns de quando se elaboram listas não importando o conteúdo. Eis as premiações de cinema e música: Oscar, Golden Globe, Gramy, Emmy e tantos mais.

Mas esta será uma lista com um tipo específico de conhecimento humano, o próprio conhecimento arquivado em texto, lombada, sinais gráficos conhecidos como letras, acentos, sinais, tudo muito bem organizado em bibliotecas que hoje passam pela maior crise da história das bibliotecas. Infelizmente.

Nunca se leu tão pouco e nunca se leu tanto. E não raro passamos a vida como cegos, tateando o mundo visível sem nos ater ao invisível dos livros saltando aos olhos, linha após linha, parágrafo por parágrafo. Pois bem. Há os livros que deveriam ser lidos por todos e não são lidos por ninguém. E esta generalização é pelo impacto, mas muito pela realidade que os fatos impõem.

Quantas pessoas você conhece que já leram os dez livros desta lista? Quantas pessoas você conhece que leem?

E se você é do meio acadêmico, meu caro, estou falando de vida real: ônibus lotado, trem atrasado, trânsito congestionado, almoço em vinte minutos, sexo mecânico, amor enlatado.

Eis os dez livros que você não vai ler, mas deveria.

1º Os Sertões, de Euclides da Cunha

Há muitos livros de formação e exaltação de povos, o nosso é este. Muito mais de formação que exaltação é um livro que descreve pormenorizadamente o Brasil profundo, abandonado, o que nas palavras do autor "seres humanos deixados para trás".

Por que você deveria ler este livro?

Se você está lendo este texto, provavelmente é um brasileiro, e se você é habitante do sertão ou do litoral (como são chamados os que habitam as metrópoles segundo o livro) tem a obrigatoriedade moral de entender como se dão os processos de manipulação, opressão e pauperização de uma, assim chamada, nação.

Em tempos, o Nordeste brasileiro era a região mais rica do Brasil e o Sul/Sudeste região de abandono. Como se deu a reviravolta é muito explicado pela forma como se trataram os seres humanos pobres daquela região.

Por que você não vai ler este livro?

Por um motivo muito simples: é um texto enorme. Algumas edições contam com mais de oitocentas páginas. Dividido em três livros: O homem, A terra e A luta, muitos dos que dizem tê-lo lido apenas leram a terceira parte narrando os eventos da campanha militar que massacrou o povoado de Canudos, na Bahia.

A falta de tempo será o grande discurso que permeará as desculpas da falta de leitura dos clássicos. Mas sempre há espaço para aquela conferida no Facebook.

2º O coração das trevas, de Joseph Conrad

Impactante. "O coração das trevas" é um livro que chegou ao grande público através do filme "Apocalipse now" de Francis Ford Coppola. Mas não é por isso que você tem que lê-lo.

Na África durante a colonização, (diferente do filme que se passa no Vietnã) o autor apresenta um dos personagens adentrando o continente através de um rio e à medida que avança neste rio metafórico vai se deparando com o que há de mais torpe no interior do ser humano.

Por que você deveria ler este livro?

O coração das trevas é no fim o coração de nós mesmos. Desta forma perdemos um pouco a fé na humanidade, mas aprendemos muito mais sobre a natureza humana. Assim nunca mais você se surpreenderá com as notícias das maldades apresentadas nos jornais de direcionamento popular.

Por que você não vai ler este livro?

As escolas brasileiras ainda não descobriram a importância de se ensinar a literatura universal e também pelo fato de o filme ter sido adaptado para o cinema de forma tão genial que ofusca um pouco do interesse pelo livro, o que na minha opinião deveria ser o contrário.

Muita gente se encanta pelo livro após o filme e o abandona poucas páginas depois. Uma pena.

3º Em busca do tempo perdido, de Marcel Proust

Uma viagem pelo subconsciente do autor, que não raro se confunde com o seu personagem protagonista. Em busca do tempo perdido é a própria história do tempo e de como este se relativiza. Lê-lo é descobrir a vida na vida da vida. Quanto tempo contido dentro de cada segundo. A existência assim, de qualquer pessoa, de qualquer ser, seria eterna.

Por que você deveria ler este livro?

No século XXI fomos acostumados aos filmes de Holywood, que nos capam as reflexões empurrando ação após ação. Desta forma todas as narrativas que assistimos, lemos ou escutamos estão repletas de perseguições em alta velocidade, explosões, efeitos sonoros e visuais e não paramos pra pensar que o tempo da reflexão é o tempo humano. O nosso tempo.

Por que você não vai ler este livro?

Porque você vai se perder ao longo da narrativa, buscando uma história pra seguir e ao final da vigésima página vai se dar conta de que o livro é isso do começo ao fim e que não acaba nele. Existem outros seis, no total de sete volumes de uma história simples repleta de digressões. Muito pouco interessante para a geração Millenium – pra não chamar de geração ejaculação precoce.

4º Dom Quixote, de Cervantes

Um livro eterno. Dom Quixote é mais vivo do que qualquer um de nós que temos data de nascimento, RG, CPF e no futuro atestado de óbito. Sua figura é eterna e estará eternamente no imaginário popular, ele e seus companheiros Sancho Pança e o cavalo Rocinante.

Um leitor voraz de histórias de cavalaria enlouquece e galopando um pangaré, luta contra a realidade, dura realidade imposta pelo mundo. E não é tão simples assim. Há tantas camadas de leitura deste livro que talvez um dia escreva um texto apenas sobre algumas destas interpretações.

Porque você deveria ler este livro?

Porque é um texto sobre sonhos impossíveis, imaginação, busca, amizade, crença no espírito humano, crença na ética e moral do indivíduo. Dom Quixote, por exemplo, não enxerga a prostituta no prostíbulo, o que há ali é uma donzela linda, uma estalagem elegante, o ser humano em potência. O olho do observador Quixote é, talvez, o legado mais eloquente de Cervantes.

Por que você não vai ler este livro?

Dom Quixote é aquele livro tão lugar comum, mas tão lugar comum nas listas de melhores livros da literatura mundial que sempre acabamos por deixá-lo pra depois. Isso quando não nos satisfazemos na leitura de adaptações infanto juvenis no período escolar, algumas montagens teatrais horrorosas, outras nem tanto, cinema, paródias. No fim, o texto acaba ficando soterrado nesse grande entulho pós contemporâneo.

5º A revolta de Atlas, de Ayn Rand

Livro fundamental para entender o século XXI, assusta o modo como o colapso da sociedade ocidental é visto com décadas de antecedência. O que na época era especulação acontece aos nossos olhos cotidianamente.

Numa distopia bem provável as maiores mentes do

planeta se recusam a trabalhar, são o Atlas do título em português, os que sustentam o mundo. Sem estas cabeças o mundo se colapsa.

Por que ler este livro?

As maiores mentes se recusando a trabalhar é apenas um mote que em si já renderia muito assunto, mas os motivos que os levam a tomar essa atitude e perceber como personagens, os dois protagonistas especificamente, lutam para não desistir. Eis algo grandioso. Merece muito ser lido por todos.

Por que você não vai ler este livro?

Por alguns motivos básicos. Seu professor de esquerda vai dizer pra você que é uma obra de doutrinação direitista, o livro por vezes é muito teórico, quando por exemplo de um capítulo de mais de cinquenta páginas sobre a importância do dinheiro. E a falta de ação, sempre ela, afasta os leitores, quase eles todos.

Ok, devo admitir. É um livro bem chato, tão chato quanto a medida de sua relevância.

6º A interpretação dos sonhos, de Freud

Desde quando vivíamos em cavernas e começamos a compartilhar nossos sonhos criamos crenças, sistemas religiosos e até explicações artísticas e filosóficas para o significado seu significado. Tudo para dar relevância ao que entendíamos como parte do mistério. Estar do outro lado da vida, um pouco morto todo dia.

Mas aí chegou Freud e mudou tudo.

Por que você deveria ler este livro?

Um sonho pode ser a extensão de um pensamento iniciado quando acordado, (estar acordado é chamado por Freud de estado de vigília), um sonho pode ser uma lembrança, uma resposta do organismo a uma recepção direta de nossos sentidos, como sonhar que está nu quando a coberta descobre nosso corpo. Ou pode tudo ser muito mais que isso. O que não pode ser é diálogo com espíritos, conversas telepáticas e outras crenças que trouxemos conosco desde as cavernas e enfrentamos graças às pesquisas do pai da psicanálise.

Por que você não vai ler este livro?

Em geral este tipo de livro é lido apenas por estudantes de psicologia, algo escrito no próprio prefácio da obra, mas devido a sua relevância, ora, todo mundo dorme; é um assunto que deveria interessar a todos.

Mas estamos muito mais preocupados em sonhar com um número, jogar na mega sena e torcer pra que seja uma intervenção divina.

7º A origem das espécies, de Charles Darwin

Somos o resultado de um processo ininterrupto de adaptações ao meio. Somos a resposta do universo a uma pergunta que nunca saberemos qual.

Darwin não nos disse de onde viemos, mas explicou como chegamos até aqui a partir de certo ponto do caminho.

Por que deveríamos ler este livro?

Devemos saber as respostas. Devemos fazer as perguntas. Não devemos temer as respostas. Não devemos calar as perguntas.

Se você pensa que aquela imagem de hominídeos em fila até o homo sapiens é tudo o que Darwin tem a dizer, meu caro, você está completamente enganado.

Porque você não vai ler este livro?

Por incrível que pareça é de leitura fácil e não tão extenso, se contar o barulho que faz desde a ocasião de seu lançamento. Embora seja uma teoria comprovada, com sólidas bases científicas, ainda há os que se recusam a acreditar, agindo como o avestruz da fábula que nem existe, pois, avestruzes não agem como os avestruzes da fábula e nem há fábulas sobre avestruzes.

8º Hamlet, de Shakespeare

Shakespeare é o que há de melhor para ser lido no mundo desde que foi escrito. E nem foi escrito para ser lido, mas para os palcos. Hamlet é simplesmente o melhor texto do melhor escritor de todos os tempos.

Por que você deveria ler este livro?

Mesmo assistindo às peças, e temos de as assistir sempre, não podemos nos furtar de nos debruçar sobre os textos, se possível no original e nos embasbacar, deixar nossa boca abrir de admiração ao longo de cada cena, cada ato, cada frase entrando no pensamento popular.

O enredo de Hamlet é famoso: a vingança devido ao assassinato do pai. A dúvida de Hamlet também é famosa: "to be or not to be". Por que então não ler Shakespeare?

Por que você não vai ler este livro?

É a maior peça de Shakespeare em extensão, o que não quer dizer muita coisa, ainda é uma peça, portanto um teto curto. Mas não há uma cultura em nossa sociedade brasileira na leitura de textos dramáticos. Há pessoas que não sabem nem o caminho para o teatro mais próximo. No Brasil, pobre de nós, não lemos nem o Nelson Rodrigues.

9º A Bíblia Sagrada

O que todo inteligentinho (parafraseando o Pondé) o que todo inteligentinho faz pra se afirmar como inteligentinho numa pseudo vida adulta é se definir como um ateu. Isto sem nunca ter passado pelo livro mais vendido do mundo. Ler a Bíblia, hoje em dia, parece que leva seu leitor a um universo de obscurantismo e senso comum. Muito errado pensar assim

Por que você deveria ler este livro?

É antes de qualquer coisa um livro histórico. Também o livro que mais influencia decisões no mundo. É citado, parafraseado, e se você já assistiu ao Porta dos fundos sabe que o texto bíblico é até vilipendiado.

Conhecer a Bíblia pela boca do pastor, do padre ou de uma paródia não é mais necessário desde Gutemberg, o inventor do livro como o conhecemos. Não à toa o primeiro livro impresso por ele foi a Bíblia. E de lá pra cá é sim o livro mais consumido no mundo.

Por que você não vai ler este livro?

Você reparou que eu assinalei livro comprado e consumido, mas não escrevi que era o livro mais lido do mundo.

Sei que serei polêmico agora, mas não me furtarei a isto. Ler a Bíblia sendo o pastor, ou o padre, ok. Sei que é uma leitura pop entre os religiosos, profissionais da fé, por assim dizer.

Mas o povo popular médio, apenas se atém a trechos, os assim chamados versículos. Seria excelente uma cultura de leitura e estudo da Bíblia do seu começo ao seu fim. Da Gênesis ao Apocalipse.

Infelizmente é um livro mais idolatrado que lido.

10º A Odisseia, de Homero

A Odisseia é o livro que narra o retorno de Ulisses a Ítaca depois da guerra de Tróia.

Após desafiar os deuses, mostrando-se um mal-agradecido, é punido e tem que passar por muitas e péssimas, não poucas e boas até retornar pra sua família.

E não é o que fazemos todo dia quando saímos de

casa para o trabalho?

Esposa, filhos em casa, um monstro a cada meia hora. Seduções que nos tentam a ficar por ali e dizer adeus o cotidiano. No fim, voltamos e mais um dia nos espera amanhã.

Há milhões de interpretações para cada passagem desta epopeia que merece ser lida por todos em todas as épocas.

Por que você deveria ler este livro?

É simplesmente o livro fundador da literatura ocidental. Um dos pilares da cultura do ocidente. Um gigante literário apenas acompanhado por sua irmã epopeia a Ilíada, com o enredo da guerra de Tróia com o herói na figura de Aquiles.

Por que você não vai ler este livro?

Aí já tem um monte de desculpa clássica: é difícil, é longo, é lento, é em versos, não entendo, é antigo.

Mas saiba que assim como todos os livros desta lista, os personagens desta obra estão mais vivos que muitos seres humanos que conheci na minha vida. E estarão respirando ainda cem anos após a morte de pessoas que você e eu conhecemos. Cem anos e muito mais.

Acabo de me lembrar de outro livro: O cem anos de solidão, do Garcia Marques. Mas deixa pra encaixá-lo em outra lista, num outro momento.

Por ora, estes são os dez livros que você não vai ler,

mas deveria.

O que é o Realismo/Naturalismo?

-Realismo

Há um livro chamado "Dom Casmurro", você já deve ter lido ou ouvido falar, que conta uma história de amor impossível. Bento Santiago é apaixonado desde a adolescência por Maria Capitolina, sua jovem vizinha de "olhos de cigana oblíqua e dissimulada" na fala de um dos personagens.

Mas ainda falta algo a este enredo, na verdade alguma complicação, coisa que impeça o amor grandioso das duas criaturas que seriam, no ideário romântico, fadados a sofrer. E a complicação é que Bento tem que seguir as ordens de sua mãe que o prometeu a padre.

Eis aí o clássico romântico: Bentinho ama Capitu, Capitu ama-o, mas não podem fazer para ficar juntos por conta de uma promessa materna. Bentinho tem de ser padre. E se repito ad nauseam é com o intuito de frisar bem que este é um problema repetido e repetitivo na história da literatura mundial. No Brasil mesmo há um livro chamado "O seminarista" de Bernardo Guimarães, o mesmo autor de "A escrava Isaura" que conta a história do amor impossível entre uma singela moça e um padre.

Mas o que Machado de Assis fez de diferente nesta narrativa para ser considerado por muitos, e quando digo muitos, digo muitos mesmo; o que Machado de Assis fez de tão excepcional nesta obra para ser considerada um dos melhores livros da história da literatura?

Respondo:

Em "Dom Casmurro" a história extrapola o final feliz. Uma narrativa romântica se inicia com o casal se apaixonando, segue com o impedimento amoroso e termina com casamento ou morte.

Machado não se satisfaz com isto e continua o enredo após o felizes para sempre nos brindando com a verdade nua e crua de um jovem inseguro, neurótico, ciumento, que chega a tentar o assassinato do próprio filho ainda criança, com a desculpa de que o filho pode não ser seu (tudo bem matar um menino desde que ele não seja seu filho, ok?).

Também a presença quase viva de uma personagem feminina que domina o enredo na primeira e mais longa parte da obra, apontando caminhos, mostrando-se capaz de tudo para conseguir o grande amor de sua vida, mas que pode tê-lo traído após o casamento, na segunda parte da obra, e o pior, com o melhor amigo do marido, Escobar.

(O livro não é apenas um simples caso de adultério,

pra ser sincero existem camadas e camadas nesta obra que vale a pena ser revisitada ao longo da vida, mas como a proposta deste texto é voltada para o Ensino Médio e de explicação sobre o Realismo, deixo a oportunidade para a discussão sobre o "traiu ou não traiu" e outros tantos para um outro momento")

Enfim, o Realismo é muito mais que apenas realidade, uma das principais chaves para compreendê-lo é pensar em um casal separado lutando para ficar junto – romantismo, quando o casal está junto eis o movimento literário de Machado de Assis – a realidade batendo à porta.

E por que comecei esta explicação com "Dom Casmurro"? Porque neste livro fica explicita a desconstrução do caráter romântico do relacionamento amoroso.

Por exemplo, há um livro português de um escritor chamado Eça de Queiroz, "O primo Basílio", nele Amélia já começa casada com Pedro e vai traí-lo com seu primo, o tal Basílio do título. Outro do mesmo autor "O crime do padre Amaro" conta que quando um padre quer ter um relacionamento amoroso nada o impedirá, nem igreja, nem sociedade, nem a promessa da mamãe e muito menos a própria consciência.

E na palavra consciência chegamos ao ponto central da proposta realista. Aqui o personagem é mais vivo, e é assim porque jura amor eterno à pessoa amada e não cumpre, assim como na vida real, e fica com um remorso de dois dias, talvez uma semana e aquele amor eterno passa, porque outro amor eterno aparece e assim por diante porque assim é a vida.

O que o realismo faz é apresentar os conflitos humanos de nós todos, apontar que não somos rasos como o Robin Hood, nem tão poderosos como o Rei Arthur. Acreditamos e desacreditamos, amamos a pessoa e causamos muito mal a sua vida, à nossa própria.

O que temos a nossa frente são os maiores clássicos da literatura universal, escritores do mundo inteiro desvendando as profundezas da alma humana: Charles Dickens, Dostoievski, Tolstói, Eça de Queiroz, Flaubert, Machado de Assis e muitos outros.

Há um conto de Machado de Assis (mais um) chama-se "Noite de almirante". Na história o marinheiro Deolindo e sua namorada Genoveva trocam juras de amor eterno antes do rapaz sair numa missão de seis meses no mar. Pois bem, ao voltar todos os seus companheiros de embarcação conhecem a história de seu amor, de suas juras, e o felicitam pela maravilhosa noite de almirante que terá com Genoveva. O óbvio da situação real é que após seis meses sem notícia do namorado Genoveva não apenas não o esperou como casou-se com outro homem. E o óbvio mais que óbvio é que Deolindo volta ao seu posto no navio e quando questionado por seus amigos sobre a noite de almirante, mente a todos envergonhado por ter sido trocado, pelas promessas descumpridas por ela e cumprida por ele, aprende que a realidade não é um livro romântico com personagens de valores éticos elevados que cumprem as promessas porque são, simplesmente, pessoas melhores, mas melhores por serem simples objeto de ficção, personagens rasos para utilizar uma classificação quase do senso comum.

O ser humano de verdade é capaz de alimentar as crianças carentes embaixo de um viaduto, doar milhões à caridade e esbofetear a esposa ao chegar em casa.

Os livros realistas apontam um lado obscuro da mente humana. Em "Dom casmurro" Bentinho expulsa a esposa de casa porque ela o traiu, mas não tem nenhuma evidência, apenas o olhar da moça para o finado amante no caixão e o filho que imita a todos, mas imita muito melhor a Escobar, o eventual pai. O mesmo Bentinho pelo qual torcemos pela felicidade eterna na primeira parte da obra senta seu filho no colo nas páginas finais forçando-o a tomar veneno, ato falho disse "seu" filho. Será que era mesmo seu? Será que Maria Capitolina traiu seu marido com seu melhor amigo?

Fato curioso, na vida real nem sempre temos todas as respostas, assim como nos livros realistas, não raros somos enganados por pessoas boas, e pessoas ruins fazem gestos nobres e ações horrorosas são praticadas por aqueles que temos na mais alta consideração. Nascemos no meio da vida dos nossos pais e, se tudo ocorrer bem, partiremos no meio da vida dos nossos netos, quem sabe bisnetos. Mas a verdade é uma apenas: nem todas as pessoas nos veem com os mesmos olhos. Somos eternos meninos fofinhos para a nossa mãe, mas o moleque endemoninhado que quebrou a vidraça do vizinho, não foi por mal ele apenas estava brincando, deixa ele ser criança, todos conhecem histórias assim. No trabalho para alguns o exemplo de seriedade que se transforma, na visão de outros tantos, o maior puxa sacos baba ovo de todos os tempos. Lutar pelo sonho de ser ator sendo exemplo para muitos, ou de vadiagem na visão pessimista (realista?) de seu pai.

O Realismo se assemelha a um jogo de futebol enquanto o Romantismo a um de basquete. No futebol nada grandioso acontece, às vezes empatam, um feio zero a zero sem nenhuma emoção. No basquete o jogador é obrigado a lançar a bola a cada ataque e no tempo devido, não existe empate, não existe zero a zero. A vida não é um jogo de basquete.

O exagero dos românticos abriu margem à busca por uma visão mais real do indivíduo, aquela que assegure a percepção de que não somos movidos apenas por impulsos externos e paixões frívolas; não somos tão éticos como gostaríamos de ser.

Em "Hamlet" de Shakespeare há a famosa frase "ser ou não ser, eis a questão", minha interpretação favorita para esta frase é a de que podemos agir ou não agir, fazer algo ou não fazer. Podemos viver ou optar pela passividade, a ociosidade. O caso é que o personagem do realismo é muito humano justamente por optar pelo não ser, opta por não matar, por não fazer, não se vingar, então o que resta aos escritores é a descrição de seus pensamentos, o que deu origem ao que no futuro foi chamado de "fluxo de consciência" – assunto para outro momento.

Não apenas o contraponto ao Romantismo serviu de pretexto para o Realismo, seria muito pouco, também o desenvolvimento científico, conhecimentos não aceitos até hoje como verdadeiros, mesmo com todas as comprovações necessárias dadas pela ciência, como a teoria da evolução das espécies desenvolvida por Charles Darwin em seu maravilhoso livro "A origem das espécies".

Você vai precisar de algumas aulas com seu professor de biologia para se aprofundar um pouquinho nesse assunto, mas grosso modo posso dizer que todas as espécies se desenvolveram a partir de seres mais simples e foram, ao longo de milhões de anos, repito: ao longo de milhões de anos, se modificando, adaptando-se ao ambiente, buscando sobrevivência. Ou seja, tanto um camaleão mudando de cor, ou uma girafa com seu longo pescoço, não são assim desde a criação por pura vontade divina, mas foram se adaptando ao meio e como tinham vantagens frente aos demais indivíduos, chegaram até o período atual. E isso coloca o homem em meio a esta estrutura gigantesca de adaptações, classificando-nos como pertencentes à família dos primatas, o que vale dizer que nos adaptamos ao mundo de forma adversa de nossos parentes chipanzés, orangotangos, micos leões dourados e afins.

Muito para um simples cidadão do século XIX digerir, na verdade muita gente não engole isso até hoje, rebatendo Darwin com os mais não científicos dos absurdos, como: se eu vim do macaco como é que uma mulher nunca deu à luz a um chimpanzé?

Escrevi acima que você precisa de aulas de biologia para se aprofundar no tema, portanto foco este ensaio no Realismo e não em Darwin, mas digo uma das frases que mais escuto quando se trata deste assunto porque dá para sentir como o debate sobre evolucionismo é raso no Brasil. Também escrevi, linhas acima, que as adaptações levaram milhões de anos, portanto não é possível ver o caminho percorrido senão por indícios e muita pesquisa, muita pesquisa mesmo.

Entro neste assunto porque houve os que nunca aceitaram as descobertas de Darwin como verdadeiras e os que a leram muito mal. Daí o surgimento de uma pseudociência totalmente escrota conhecida como eugenia, que propunha a limpeza das raças buscando purificar e melhorar o ser humano. Décadas depois Adolf Hitler fez o que fez, mas décadas antes de Hitler outros fizeram tanto e conseguiram na leitura mal lida de Darwin um pretexto para sua imbecilidade.

Isto e outras tantas correntes de pensamento como o determinismo que pressupõe que todos os seres nasceram determinados, mesmo que fosse jogado num ambiente de miséria uma criança rica se sobressairia por ser determinada a tal, caso não prosperasse o problema não era de ninguém. Justificam-se as misérias do mundo.

O determinismo foi inteligentemente criticado por Machado de Assis em duas de suas obras primas: "Memórias póstumas de Brás Cubas" e "Quincas Borba". O determinismo e o positivismo. Esta última uma corrente de pensamento que consiste em ver um lado positivo em tudo, mesmo nas piores tragédias da humanidade, parafraseando um dos personagens: "a única tragédia seria não ter nascido".

Assim o pensamento positivista crê que é necessário que pessoas passem fome para que outras possam se alimentar, "ao vencedor as batatas". Aliás, cabe lembrar que o positivismo ficou tão popular entre os aristocratas brasileiros que seu maior lema foi parar na bandeira nacional. Isso mesmo, o "Ordem e progresso" quer dizer: que cada um fique no seu lugar para que tudo progrida (progredir seria sinônimo de evoluir?).

Pois bem: Darwinismo, muita ciência, evolucionismo no meio, eugenia, determinismo, positivismo; deu-se o caldo de cultura para o ser humano não ser tido como a maior das maravilhas. Daí o Realismo, também se formos um pouco mais a fundo e pensarmos o homem apenas como mais um dos habitantes deste ecossistema, cá estamos nós meros animais em meio a outros bichos.

E foi por esse caminho que os escritores realistas se afundaram até desenvolverem um realismo tão pesado, tão violento, tão realista (sic) que deixou de ser conhecido como realismo. Tratamos esta vertente com o nome de Naturalismo.

-Naturalismo

Antes de seguir pensando o Naturalismo temos que lembrar que naturalista e cientista são sinônimos para os habitantes do século XIX. Logo, quando dizemos que certo escritor é naturalista temos que ter em mente que ele se via como um cientista e como todo cientista tem que se propor a fazer experimentos e comprovar teses.

As teses que os escritores naturalistas querem provar têm a ver com a percepção em voga na época de que o homem não é um ser isolado na criação, superior a todos os demais animais, mas somos eu, você, seus pais, seus professores e o Papa apenas organismos lutando pela sobrevivência.

O homem é um animal coletivo, influenciado pelo meio, movido por impulsos (sexuais principalmente) e sem nenhum caráter elevado, permanecendo em si o simples desejo de elevar-se na sociedade; assim como você já deve ter visto naqueles documentários sobre chimpanzés ou leões marinhos lutando pelo privilégio em ser o macho alfa.

Os livros naturalistas tratam seus personagens não

para dentro, analisando seu psicológico, mas muito mais preocupados em suas relações sociais, porque entende o indivíduo enquanto fruto do meio, portanto aparecem livros como "A germinal" do Francês Émile Zola tratando da história dos mineradores de carvão e suas agruras tais quais doenças ocupacionais, miséria, velhice, riscos do próprio ofício, exploração do trabalho por outros homens assim como numa colmeia ou num formigueiro.

E por falar em colmeia, o principal livro do Naturalismo brasileiro "O cortiço" de Aluízio Azevedo trata do tema da vida em coletividade tendo como foco principal o próprio cortiço, sinônimo de colmeia.

O escritor cientista/naturalista Aluízio Azevedo elabora sua narrativa contrapondo dois ambientes distintos: um cortiço e um sobrado. E à medida que o cortiço se desenvolve e cresce, vai ficando cada vez mais parecido com o sobrado. Os moradores de ambos antes tão distantes ao fim se assemelham, os donos de ambos os locais que não se suportavam começam a ter laços familiares, os ambientes se misturam e passam a ter um mesmo pensamento.

Mas não foi sem nenhum esforço que tal acontece. Para obter o sucesso o dono do cortiço, João Romão, faz de todas as artimanhas legais e ilegais, o que acaba por ser um maravilhoso retrato do caráter do brasileiro (pra ninguém dizer que a corrupção é coisa de agora nem apenas de pessoas ricas). Rouba, trapaceia, engana, conspira casamento com a filha de seu vizinho o que leva ao suicídio de Bertoleza, sua esposa por merecimento, mas não por direito já que a mesma é negra num período de escravidão e escrava já que João Romão falsificara uma carta de alforria e a entregou a seus antigos donos após ter o casamento com a filha do vizinho resolvido.

Mas o livro tem de tudo o que é de maldade e perversão um pouco: prostituição, alcoolismo, pedofilia, traição, sexo, muito sexo, guerra de gangues (tal qual a do tráfico de hoje, não se esqueça que o filme se passa no Rio de Janeiro), papagaios gritando como seres humanos pedindo socorro em meio a um incêndio, seres humanos urrando como animais atropelando-se para fugir do mesmo perigo, assassinato, suicídios (sim, há mais de um na obra) e aquele papo de que o ser humano é influenciado pelo meio, justiçamentos, muito determinismo, darwinismo social, e por aí vai.

Há outros livros do autor que seguem a mesma linha, "O mulato" e "Casa de pensão" são os mais recorrentes nas aulas de literatura, mas um não tão citado "O livro de uma sogra", muito mais contido, mas com vários elementos de genialidade, próprios de Azevedo..

O naturalismo é uma corrente muito popular nas artes, você pode encontrá-lo em filmes, quadros, peças de teatro.

O filme "Cidade de Deus" de Fernando Meireles e o "Tropa de Elite" de José Padilha são excelentes exemplos de como o naturalismo continua rendendo bons frutos narrativos. A literatura da década de 1930 faz uso das técnicas naturalistas comparando homens a animais, zoomorfizando pessoas e antropomorfizando bichos, vide a cachorra baleia de "Vidas secas" de Graciliano Ramos; ou os filhos do Chico Bento em "O quinze" de Rachel de Queirós.

Ler um livro deste período, tanto naturalista como realista, é para muitos um desafio como seria para os contemporâneos de Machado de Assis ler a "Odisseia" de Homero: muita descrição, detalhes que passariam despercebidos aos olhos de um leitor pós-moderno, contato com um mundo sem internet, sem automóvel, sem telefone, sem shopping centers, sem aviões, sem antibióticos e tudo o que traz a velocidade à nossa vida.

Mas assim como está entre os clássicos gregos muito do conhecimento humano e uma maravilhosa forma de nos conhecermos enquanto pessoas, indivíduos individuais e coletivos, também está entre estes clássicos não tão antigos, perspectivas de críticas ao ser humano e a busca por caminhos que podemos e temos de percorrer se quisermos dar um salto de qualidade nas relações humanas.

Nada tão frustrante quanto ler "O cortiço" e perceber que as favelas ainda existem tais quais as do livro, pasmem, com os mesmos incêndios, as mesmas lutas de quadrilhas armadas. Ler "A germinal" e ver que o ser humano continua escravizando outros seres humanos, tanto em confecções do

Bom Retiro em São Paulo, quanto em pequenas províncias chinesas.

Sem contar tantos outros temas centrais para a agenda de um novo mundo que precisa aprender muito com os experimentos científicos realizados nas mentes desses escritores que souberam enxergar muito mais do que apenas verdades na sua realidade imediata. Talvez tenham enxergado dentro da verdadeira alma humana.

Por que os roqueiros usam o cabelo comprido?

O rock mudou de estilo, influenciou estilos, foi influenciado por outros tantos, porém alguns estereótipos permanecem e seguem fortes com ele ao longo dos anos. Um dos mais fortes é do roqueiro com cabelo comprido.

O cabeludão está presente em toda a cultura rock a partir dos anos 60, sobreviveu aos 70, verdadeiras orgias capilares aconteceram nos palcos dos 80 e até mesmo os anos 90 com Nirvana e companhia grunge ou o século XXI com Strokes e outros tantos sobreviventes de várias décadas que continuam tocando e fazendo as cabeças, chacoalhando as madeixas e balançando as tranças.

Rastafáris como Bob Marley, bagunçados como outro Bob, o Dylan. Cabelos de boneca barbie como de Sebastian Bach (Skid Row).

Havia uma época em que seria uma verdadeira heresia uma banda de heavy metal subir ao palco com os cabelos cortados. Jogar o cabelo pra frente e descer o braço na guitarra e sentir o público fazer o mesmo com a chamada "air guitar", a famosa guitarra imaginária que todo headbanger (e não headbanger) já tocou.

Foi o Metálica uma das primeiras grandes bandas a ter seus integrantes com cabeças depiladas.

Mas se me permitem uma opinião, devo dizer que com as bandas envelhecendo não é raro encontrar roqueiros calvos, a velhice chega para todos e o que fica pelo caminho é a lembrança das madeixas que foram. Inclusive pra você que agora lê e vê seus cabelos crescerem sentindo-se poderoso por ser um contestador, um verdadeiro roqueiro.

Mas muito shampoo e intensa briga com os pais depois, será que você já se questionou a respeito do motivo que levou o primeiro roqueiro a ter seu cabelo crescido?

É daquelas coisas que se perdem no tempo, mas que engrandecem os motivos que levam um menino da periferia a esperar outro emprego e não aquele que o recusou por ter cabelo comprido. Aliás, durante algum tempo no Brasil, cabelo longo foi sinônimo de marginalidade. Mais precisamente no período militar (1964 - 1985).

Entretanto é esta a história que explica o cabelo comprido balançando de Janis Joplin, Jim Morrison, Bono Vox (dos anos 80), Europe, Iron Maiden, Queen, The Who, Sepultura, Motorhead, muitos, muitos, quase todos, até nosso Paulo Ricardo de ombreiras e olhar 43 a enlouquecer as menininhas de outrora, matriarcas de famílias de hoje.

Falando sério, um cara no palco com uma guitarra nos braços e cabelo curto quase pensamos em jazz, blues e afins, talvez um engomadinho de terno da banda de apoio do Frank Sinatra.

Eu sei, estou reproduzindo estereótipos, mas é assim que vemos o mundo, temos que questionar e foi o que os roqueiros começaram a fazer nos anos 90, 2000 e adiante. Talvez essa confissão não impressione a ninguém, mas para mim foi um choque quando o Sepultura cortou o cabelo, o Metálica, outros e outros. Eu, que nunca tive cabelo comprido, senti que o rock começava a morrer, se esfacelar com as tranças do metal.

Essa história de cabelo começou com a II Guerra Mundial. Os primeiros roqueiros eram filhos de soldados aleijados, proletários, pobres e que sofriam na pele as consequências do fim da guerra. Muitos órfãos sem a menor condição de ascender socialmente, não à toa essa é a história de John Lennon, órfão de pai, abandonado pela mãe vivendo a infância na Inglaterra do pós-guerra.

Assim como nos Estados Unidos muitos filhos de

soldados cresceram sem pais ou com os pais sem braços, sem pernas e o que é pior, estes veteranos de guerra eram orgulhosos do país e de terem se aleijado, lutado e matado por ele.

Sabemos que as gerações mais jovens buscam questionar as anteriores, o cabelo comprido é a perfeita antítese do soldado dizendo "sim senhor".

Dizer "não senhor", e não cortar o cabelo era uma maneira de se afirmar como ser pensante e questionar o Estado. Não por acaso no musical "Hair", que retrata com muita simpatia os hippies dos anos 60, a personagem se entrega pra morte num campo de batalha, não sem antes ter seu cabelo cortado, perdendo assim sua identidade hippie – o estereótipo do roqueiro dos anos 60. Assim como a primeira cena do filme de Stanley Kubrick "Full Metal Jacket" em que vários jovens têm seu cabelo cortado ao chegar numa base militar. O cabelo caindo, a identidade se esvaindo.

Por que o roqueiro tinha o cabelo longo nos anos 60 e 70? Outra guerra surgiu, o Vietnã levava jovens às trincheiras com cabelos raspados, olhar infantil e sensação de medo. O rock nesta época transcendeu a questão musical, cultural, comportamental. O cabelo comprido de um rapaz que tinha um irmão morto no Vietnã era uma questão política, esta postura se completava quando ele vestia o uniforme baleado em que o irmão foi morto, a mesma roupa suja de sangue e com furos de bala. Dando início a outro estereótipo roqueiro:

a roupa rasgada, o desleixo com a imagem.

Há no cabelo comprido todo um questionamento com o sistema. O roqueiro é o cara do não. "Era" o cara do não, algo mudou no rock ('n roll) nos anos 2000, mas isto será assunto de outro capítulo.

Embora questionar seja diferente em diferentes épocas o roqueiro começa questionando em casa: a religião dos pais, os horários dos pais. Passa a questionar o sistema educacional: o professor, os horários de aula, os livros que o professor obrigou a ler. Questiona o Estado: exército, a música do rádio, o emprego convencional, o corpo com tatuagens impedindo-o de entrar no mercado de trabalho.

Uma das características mais marcantes do rock é a forte associação do ritmo ao protesto de maneira geral.

Desde seu início quando o rock ainda era n'roll já se podia perceber o estranhamento que causava e a maneira que os roqueiros encontravam para protestar. Muito embora no início essa subversão estivesse muito mais ligada em como os astros do rock se vestiam ou se penteavam do que com a sua música propriamente dita.

Na América puritana na década de 1950 casar-se com a prima de 13 anos levou a carreira de Jerry Lee Lewis à decadência.

E o que dizer do pai da matéria Chuck Berry e suas peripécias com menores de idade? – (ouça Sweet little sixteen!).

Mal sabiam eles que os tempos seriam outros, onde Lou Reed, mais um roqueiro radical em atitude, se casaria com um travesti. Ou Marilyn Manson que num arrojo de contestação, dizem as más línguas, retirou uma das costelas para, ainda segundo as más línguas, praticar sexo oral consigo mesmo.

Outro precursor do ritmo também foi rechaçado por tentar "sair do armário": Little Richard. Preferiu, ao invés de assumir sua homossexualidade, entrar para a religião protestante a pedir ao outro (a) que saísse de seu corpo que não o pertencia.

Até Elvis Presley embora tentasse, nunca se manteve tão radical. No princípio era até chamado de Elvis – The Pelvis, dado o provocante rebolado ao dançar, tendo aparecido no programa de televisão focalizado apenas da cintura para cima. O que será que pensaria dos bailes funks realizados hoje nas grandes capitais do Brasil?

E retomando a questão capilar, Elvis Presley teve até que se alistar no exército e "tosar" seu topete, tudo por imposição de um empresário, o Coronel Parker. O Rock até que tentava ser contestador e radical, mas quase sempre esse freio já era acionado pelos empresários dos roqueiros, tema para mais um capítulo.

Se você perguntar para um cabeludo de hoje porque ele deixa o cabelo comprido ele responderia: " ora, é pra agitar". Mas se fizéssemos essa mesma pergunta para um cabeludo dos idos 1960 ele te responderia que é um protesto que ele encontrou para ir de encontro aos soldados americanos que raspavam a cabeças e empunhavam armas na desculpa de estarem servindo a pátria e matando milhões de inocentes.

Os negros também encontraram na música uma forma de expor toda a contestação, sobretudo no tocante aos valores raciais.

Você já deve ter ouvido falar de um ritmo chamado Break. Pois é, os negros utilizavam vários passos curiosos ao dançarem como aquele em que se apoiam com a cabeça e giram as pernas para cima. Segundo os antropólogos da música, tal movimento também fazia uma alusão aos helicópteros que se aproximavam do Vietnã, Laos e Camboja depositando lá de cima o mortal napalm. Sem contar os enormes cabelos black power, étnicos, maravilhosos, construidores de identidade cultural e individual dentro de uma sociedade de consumo opressiva e deprimente.

Aqui no Brasil o rock nem sempre foi visto com bons olhos e se hoje sua tia ouve a Rita Lee ou você liga o rádio e escuta guitarra num samba, saiba que a coisa nem sempre foi tão democrática assim.

Pra se ter uma ideia do quanto a guitarra elétrica causou barulho, a denominação MPB só apareceu para diferenciar das demais músicas que se fazia na época, ou seja, os rocks tocados pelo pessoal da Jovem Guarda.

(Naquela época ninguém o conhecia por rock, era conhecido (traduzido) aqui como iêiêiê).

Talvez o episódio mais patético que tenha acontecido nesse período foi uma passeata em São Paulo de vários artistas contra o uso da guitarra elétrica na música brasileira.

E você pode até discordar, mas a primeira grande canção de protesto de nossa terrinha foi sem sombra de dúvida Asa Branca interpretada por Luiz Gonzaga, um verdadeiro heavy metal que de tão popular foi motivo de uma brincadeira aprontada por Carlos Imperial, um papa na propaganda de novos ídolos dizendo que os Beatles gravariam Asa Branca no Álbum Branco.

Podem até não ter gravado, mas não seria surpresa se fizessem, afinal Rod Stewart plagiou uma canção de Jorge Ben, Sid Vicious gravou Sinatra, Ozzy Osborne teve seu próprio reality show... É um mundo estranho, vamos tentar definir o rock, a postura rock.

Ter uma postura contestadora criou o eterno slogan do rock: "sexo, drogas e rock'n roll". Lema que é mais forte em certos roqueiros que em outros, uns mais pra drogas, outros sexo, alguns nem rock. Como no caso de nosso tupiniquim Cazuza, que declarou estar numa banda de rock por acaso. Na realidade Cazuza é um exemplo puramente brasileiro de outro slogan do rock: "viva rápido e morra jovem". Com muito sexo, muitas drogas e pouquíssimo rock. De fato, algumas canções de Cazuza são Bossa Nova, românticas, o roqueiro

Cazuza gravou até Cartola - ícone máximo do samba carioca. Estava e ainda está muito a frente de seu tempo.

A contestação como marca do rock está presente em todos os anos 60, 70, 80, 90, talvez se arrefeça agora com a onda do politicamente correto.

Afinal, entre lendas e verdades, a onda de absurdos que ocorreram em palcos é vasta: Jim Morrison se masturbando, Ozzy Osborne mastigando um morcego, John Lennon pedindo que o público dos lugares mais baratos aplaudissem e o de lugares mais caros chacoalhassem as joias, o Kiss pisando em pintinhos de galinha, Renato Russo instigando um quebra-quebra no meio de um show, Amy Winehouse agredindo um fã, Marcelo D2 fumando maconha a público aberto; isso e o que se passava em hotéis, aeroportos, ônibus, aviões, turnês interrompidas, até assassinatos cometidos (há o famosíssimo caso do Sid Vicious do Sex Pistols), ou sofridos (Marvin Gaye morto pelo próprio pai) .

A lista pode crescer muito mais se esticarmos o comportamento roqueiro à sua vida. Pois são famosas as orgias organizadas pelo Led Zeppelin após os shows, no filme produzido pelo Kiss "Detroit Rock City" a própria banda faz questão de ressaltar o caráter sexual da vida roqueira ao mostrar um fã invadindo os bastidores e perceber que seus integrantes participam de orgias antes e após os shows, há uma história curiosa sobre Os mutantes, a pioneira banda roqueira tupiniquim, numa das loucas atitudes roqueiras deram LSD para um cachorro que vivia solto na vizinhança, roubaram uma estátua de um cemitério. Caetano Veloso pelado na capa do disco "Jóia".

Durante muito tempo o rock esteve ligado ao comportamento desregrado e os músicos, produtores e empresários faziam questão de reafirmar este estilo de vida, pois é o que vendia mais e gerando lucros, pouco importava se o próprio músico servisse de lenha para a fogueira pop.

Nesta bagunça do que seja ou não contestação o próprio Bob Dylan, o primeiro grande contestador do rock começou a contestar o próprio rock, desenvolvendo uma música com letras religiosas, buscando uma solução metafísica para o caos roqueiro, não à toa Dylan tenha desaparecido por um bom tempo da mídia, na realidade seu retorno pede mais questionamentos, veio para o Brasil em 2010 e 2012 com show custando até mil reais o ingresso. Mas essa é outra contestação. Dylan fez mais pelo rock, sem fazer rock, do que qualquer outro roqueiro de carteirinha jamais fez.

Foi Renato Russo que não permitiu que sua Legião Urbana se apresentasse no festival Holywood Rock, por se sentir por demais hipócrita em cantar o que cantava com um maço de cigarros Holywood estampado nas suas costas no palco. O mesmo Renato Russo que cantou uma canção do Menudo num momento de descontração no acústico para... a MTV. Vá saber o que seja contestação hoje em dia.

O fato é que surgiu por volta dos anos 70 um novo conceito pra classificar os roqueiros. Havia os de verdade e, segundo alguns xiitas do rock, havia os traidores do movimento.

Esses traidores seriam os que tinham suas músicas executadas nas rádios, vendiam milhões de cópias de discos, tocavam em festivais patrocinados por grandes companhias de cigarros e bebidas, no Brasil os traidores do movimento eram conhecidos por participarem dos programas de TV da rede Globo.

O simples fato de uma banda mudar o seu estilo musical poderia ser considerada por fãs, que encaravam o rock como uma arma de contestação, uma forma de traição. Havia uma camisa de força que prendia os músicos, o público pedia muito mais aos roqueiros que apenas rock. Tanto que bandas com musicalidade punk como Os titãs, Ultraje a rigor e outras tantas, não eram consideradas punks por punks, assim como ícones internacionais do movimento como Ramones e Sex pistols, consideradas por demais pop para o que fosse, ou o que é um punk.

Afinal, o que é um punk?

Talvez um cara sem dinheiro pra comprar o shampoo que o riquinho comprava. Não ganhava os mesmos brinquedos dos pais, se é que ganhava algum. Desta maneira podemos ver que está tudo conectado: a música do menino da periferia seria, nos anos 70, a música punk, pois com apenas três acordes na guitarra saíam músicas atrás de músicas, ao contrário das complexas canções metaleiras.

O que isso tem a ver com cabelo, contestação, rock, trair o movimento, titãs e iê iê iê? Tudo. Talvez até com o rap, pois se o jovem da periferia dos anos 70 não tinha dinheiro pra aprender a tocar, por isso músicas simples, o jovem negro dos 80 não tinha dinheiro nem pra instrumentos musicais, isso explica o rap se apoiando em seu principal instrumento: a voz. Se formos mais longe isso explicaria até o funk carioca que assombra as mamães de família protetoras da virgindade de suas filhinhas.

Roupas rasgadas só se transformam em estilo porque o dinheiro é curto na casa de um menino da Freguesia do Ó. A necessidade é a mãe da invenção, é claro que um menino rico do centro olhou pra roupa do ferrado da periferia e achou bacana, e quis pra ele também. Até foi ao show de música punk da banda do menino da periferia, até comprou a fita k7 da banda, até leu o fanzine distribuído na porta e até montou uma banda pra ele também, e com o apoio dos pais comprou instrumentos legais, aprendeu a tocar com um professor de música, foi aos shows das bandas punks internacionais que visitaram o Brasil, gravou um LP e foi à rádio de um amigo do pai que pagou pra música do filho tocar. Fez sucesso. Vendeu milhares, talvez milhões de discos. Começou a ser conhecido como o poeta de uma geração, mas nunca mencionou que se não fosse aquela ferrada banda punk, suja e pobre e com mínimos recursos da periferia, jamais sua história teria acontecido.

Com o rap é a mesma coisa, assim como os hippies.

Entender a história do rock e o próprio rock é entender que tudo faz parte da história da cultura humana e dentro de tal história, tudo faz parte de um mecanismo que é interessante entender. Porque ser roqueiro, ao contrário do que o senso comum quer fazer seus pais pensarem, é ser um intelectual. Desde Bob Dylan, John Lennon e Jim Morrison que é assim.

E você lendo este livro só reforça essa afirmação. Nunca vi um pagodeiro indo para um pagode com um livro nas mãos, nem um cantor sertanejo indicar uma boa leitura para o fim de semana, mesmo sendo chamado de sertanejo universitário.

Ou mesmo essa conversa de defesa apaixonada ao movimento, parece coisa de futebol, amor ao time do coração. Pode ser, o roqueiro veste a camisa da banda assim como o torcedor veste a do time, com a diferença de que o torcedor perde feio em se tratando de qualidade de espetáculo, raramente um apaixonado por certa banda volta infeliz de um show como o torcedor do Corinthians voltando infeliz das semifinais da libertadores.

Porém o rock está muito além de apenas paixão e revolta vazia. Ele tem em sua história a tentativa de soluções de problemas, busca reivindicar soluções, alterar rumos e não estou falando aqui do Rock'n Rio "Por um mundo melhor", nem de qualquer outro festivalzinho temático, estou falando de quebras de preconceitos reais, luta por um fim a guerras como a do Vietnã.

É isso mesmo meu querido leitor roqueiro escutador de "Restart", esses meninos embora empunhem guitarras e gritem como doidos, estão mais para boy bands que para roqueiros de verdade. O verdadeiro roqueiro tem de ter uma postura, tem de contestar algo, alguém, mesmo a si próprio.

E você meu outro querido leitor escutador de Jefferson Airplane, deixa os meninos pensarem que foram eles (o Restart) que inventaram o cabelo comprido, a roupa colorida, a rebeldia sem causa, ou o bom mocismo idiota. Há muito mais rebeldia hoje em um download ilegal que no acendimento de um baseado. Foi Zeca Pagodinho quem apoiou a venda de CDs piratas, seus próprios discos.
Zeca Pagodinho postura rock? Acho que já estou forçando a amizade. Para o próximo capítulo, por favor.

Retrospectiva sob minha perspectiva
-Anos 80 - A era das ombreiras

Eu estive lá e posso afirmar algumas coisas:

Ombreiras estavam na moda eram muito sofisticadas, a maior banda do rock nacional no início dos 80 era a Blitz, no fim Legião Urbana, hoje nem uma, nem outra.

Os jovens vestiam calças bag com a cintura quase no pescoço.

Keep cooler era a bebida que os meninos compravam e davam pras meninas beber: tinha cara de refrigerante, gosto de refrigerante, descia fácil e deixava as meninas mais fáceis ainda.

Houve uma coisa chamada verão da lata. Foi o sonho dos surfistas.

Paulo Ricardo era o máximo.

Chacrinha era o mais assistido programa de TV.

Era moda vestir verde limão, rosa choque e azul piscina.

Fábio Júnior, José Augusto, Rosana, Cátia, Sidney Magal, e por aí vai.

"Não se reprima" do Menudo era hit.

O que falar de brazilian boy bands como Dominó e Polegar. E girl bands como Banana split?

Havia um programa chamado "Viva a noite" na TVS (SBT atual) apresentado pelo Gugu. Todos ficavam até tarde acordados esperando pelo quadro sonho maluco.

Não existia balada, existia salão, baile, festa... (era a mesma coisa)

A inflação fazia todo mundo correr ao mercado pra comprar tudo no dia do pagamento, ficar com o dinheiro no bolso era perder dinheiro.

O sonho de consumo tecnológico era um Vídeo Cassete Semp Toshiba de quatro cabeças, afinal, "os nossos japoneses são melhores que o dos outros".

As crianças queriam um lango lango e um go go ball.

A Mara Maravilha era a resposta do Silvio Santos frente a global Xuxa.

Ely Correia assustava as criancinhas com o quadro radiofônico: Que saudade de você!

Roberto Carlos desfilava as canções horríveis que deu a ele a eterna fama de cantor ruim, mesmo tendo sido espetacular nos anos 60 e muito bom nos 70. O Roberto foi assassinado pelos 80.

Os japoneses iam embora pro Japão.

Se um menino fosse agredido na escola ninguém chamava a isso de bullying e se ele chorasse porque apanhou apanhava de novo em casa e os amigos o chamavam em coro de "viadinho, viadinho, viadinho".

A hortência posou nua pra Playboy e nem existia photoshop.

O "Perdidos na noite" programa do Faustão era, sim, muito bom. Assim como o "Matéria Prima" do Serginho Groisman.

O dinheiro era um Cruzeiro que virou Cruzado que virou Cruzeiro, Cruzeiro Novo, Cruzado Novo, Cruzeiro de novo, Cruzeiro Real...

Acha que a vida é ruim? Nos 80 o presidente do Brasil

era o Sarney e depois o Collor. Ah é, começou com o Figueiredo.

Tinha um chiclete chamado Ploc Monster com transfer. Também a figurinha com tatuagem e o boato que dava câncer.

Nunca ninguém achou a faca dentro do boneco do Fofão. O que era o fofão? Era um personagem de TV: um boneco feio pra caramba com testículos no lugar de bochechas. Era um personagem infantil.

Passavam comercial de cachaça e cigarro nos intervalos de programas infantis.

Os Trapalhões era o programa mais legal que existia. Até chegar hoje e descobrirmos que o que eles faziam era racismo e homofobia. Mas e daí? Era mesmo muito engraçado.

Se você queria um telefone na sua casa tinha que entrar num plano de extensão da Telesp. Depois pagar uma fortuna pela linha e ter, depois, um serviço de péssima qualidade. Aliás, a linha era uma propriedade, tanto que constava como tal na declaração de Imposto de Renda.

Os professores podiam puxar as orelhas das crianças. Depois surgiu o Estatuto da Criança e Adolescente. Aí a festa acabou.

Jornal em banca era o Notícia Populares e na televisão "O povo na TV".

Você podia ligar ao vivo no programa do Bozo e

mandar ele tomar no cu.

As mães diziam pras crianças não sentarem no banco do ônibus assim que alguém levantasse ou podia pegar Aids.

O "show de calouros" revelou Sérgio Malandro, Mara e Pedro de Lara lá lala lala lala la.

Os Showmícios eram permitidos. Eram a balada eleitoral.

O Atari era o Xbox da época.

Havia uma chacina todo fim de semana e os jornais mostravam os cadáveres in loco e ao vivo (o morto).

Se você juntasse dez tampinhas de pepsi podia trocar por um copo dos trapalhões, aí você podia beber mais pepsi e juntar mais dez tampinhas pra trocar por outro copo dos trapalhões e beber mais pepsi...

Mano e da hora ainda eram gírias da hora.

Os cabelos não eram lisos e usar aparelho nos dentes era coisa de criança. De criança que seria discriminada na escola, chamada de boca de lata.

Não existia Funk, mas existia Lambada.

Não existia Internet e tudo era mais lento, e ninguém era mais inteligente por isso. Hoje há internet e tudo é muito mais rápido e ninguém é mais burro por isso.

O autor da moda era Stephen King.

O filme: Exterminador do futuro.

Mandala, Roque Santeiro e Que rei sou eu eram as novelas.

E pra ouvir o "Apetite for destruction" do Guns'n roses tivemos que esperar pelos anos 90.

Acreditavam que mundo acabaria no ano 2000.

Mas o que acabou foi o bom gosto, as perspectivas e o senso crítico em uma década chamada de perdida durante os 90.

-Anos 90 - A era sem era

Eu passei por lá também, foi uma década assim:

O "Domingão do Faustão" começou como uma grande esperança de humor inteligente no domingo global. Poucas semanas depois percebeu-se que não seria preciso nem o sushi erótico pra acabar com essa esperança.

A TV Colosso era soberana nas manhãs globais e fizeram até um filme com a Priscila, o Gilmar e demais integrantes.

A TV Manchete começou a década no auge exibindo a novela Pantanal e terminou os 90 fechando a emissora sem conseguir concluir a novela Brida inspirada no livro do Paulo Coelho.

Aliás o mago Paulo Coelho que começou a despontar nos 80 se firmou nos 90 com "Diário de um mago", "Alquimista" e por aí vai, chegou a ser escritor da moda em alguns círculos.

Conseguimos o tetra campeonato mundial de futebol. Eu disse conseguimos? É. Foi o que todo mundo pensou ao lado do Galvão Bueno gritando É tetra!!!! É tetra!!!!

Como as músicas dos 80 eram basicamente letra e teclado, o karaokê ficou na moda durante um bom tempo nos fins da década. Cantar "nem um toque e eu querendo, querendo só você nem um toque ê u u..." era o orgulho de toda menininha de óculos.

Pararam de exibir comerciais de cigarros e bebidas durante o dia.

O dinheiro brasileiro passou a significar uma cotação chamada URV (Unidade Real de Valor) e depois virou Real. Foi sepultada assim a hiperinflação. (Retorna?)

Era moda presentear as pessoas com CDs. Fazer amigos secretos com CDs. Ter uma coleção enorme de CDs. Ouvir CDs. Pegar CDs emprestados de amigos e nunca mais devolver. Então inventaram o copiador de CDs e chegamos ao ano 2000.

A Internet surgiu, mas era lenta. A melhor coisa da net eram os chats, tipo ICQ. Impossível ver um vídeo. Downloads apenas de documentos office.

A grande banda brasileira era os "Raimundos" e no mundo o "Nirvana" foi o último suspiro do já finado rock'n roll.

A Legião Urbana ficou uma merda, com três discos que nunca deveriam ter vindo à luz: "O descobrimento do Brasil", "A tempestade - Ou o livro dos dias" e"Uma outra estação".

Era delicioso ver as crônicas de Nelson Rodrigues, "A vida como ela é", no horário nobre do domingo global.

As propagandas da Rider enchiam o saco. Era moda

usar este chinelo fedorento e feio.

Fredy Mercury morreu de aids, Renato Russo também.

Começou nas escolas estaduais de São Paulo uma ideia inovadora chamada de progressão continuada, que devido às mas intenções da classe dominante, a falta de preparo dos professores, família e desinteresse de alunos, se transformou em aprovação automática.

Calçar All Star voltou à moda.

Havia duas assombrações bizarras apavorando as rádios: Gera samba e Cia do Pagode. As rádios tocaram tanto que mudaram os nomes dos grupos para respectivamente: "É o tchan" e "Boca da garrafa". Toda época tem sua merda musical.

O Gugu tinha um programa chamado "Domingo Legal" era uma merda, mas a molecada assistia porque naquela época não havia internet tão acessível e o Gugu mostrava mulheres peladas, aos domingos, à tarde, em TV aberta.

Todo mundo queria saber quem matou a popular Laura Palmer em Twin Peaks.

Ayrton Senna morreu na curva Tamborello.

A MTV discutia, junto com Programa Livre e outras drogas do gênero a mudança nas atitudes da geração que não queria namorar, mas ficar.

Titanic deixou de ser sinônimo de desastre marítimo para ser sinônimo de recordista de bilheteria em filmes melosos. E naquele pedaço de pau boiando cabiam os dois.

Os dinossauros ficaram na moda, além de Jurassic Park havia a inteligentíssima série "Família dinossauro". Mas ninguém estava aí pra isso, só queriam gritar "Não é a mamãe"...

Todo muro vazio tinha a palavra de ordem: FORA FHC!!!

Era descolado quem era contra a ALCA.

Spice girls e Oasis eram o ápice da música inglesa.

N' Sync e Five o ápice da música americana.

Michael Jackson ficou definitivamente esquisitão.

Esqueceram de mim atormentava as salas de cinema e quem vai culpar o Joe Pesci por participar desta bomba cinematográfica.

Os Mamonas assassinas viraram febre, traziam audiência, faziam grana e morreram numa manhã de domingo num desastre de avião muito esquisito.

Cavaleiros do zodíaco era o máximo.

A 89 rádio rock era soberana entre os roqueiros paulistas, mas havia a Brasil 2000 FM que podia ser chamada de underground, com o Tatola e o Maia.

Havia uma rádio em São Paulo chamada de Musical FM, foi a melhor rádio de todos os tempos. Tocava MPB, dava a ficha completa canção a canção. Promovia shows no Parque do Ibirapuera de cantores como Caetano, Marisa Monte, Gilberto Gil, Toquinho, Milton Nascimento, Djavan, Elba Ramalho, Carlinhos Brown e muito mais. Virou uma rádio evangélica. Triste.

Em 1999 Ziraldo lançou a saudosa revista "Bundas". Porque quem dava as caras em bundas não daria as bundas em Caras".

As novelas eram Renascer, Vamp e Torre de Babel. Mas todo mundo virou um pouco kardecista com o remake de "A viagem" e começou a brincar de deficiente imitando o Tonho da Lua de "Mulheres de areia".

Um avião da Tam caiu e mostraram no horário dos desenhos, acho que algumas crianças ficaram traumatizadas.

Ficamos durante um tempão falando de um tal de bug do milênio, que seria a pane de todos os computadores na virada do século.

Isso virou uma espécie de paranoia coletiva e Hollywood se aproveitou com filmes catástrofes como Armagedon e Impacto Profundo.

Mas o mundo não acabou, ou acabou e estamos vivendo no que sobrou de um mundo que queríamos fazer melhor e fomos incapazes.

-2000 a 2010 – A era do digital

O mundo não acabou com o bug do milênio, um asteroide não nos atingiu, os Testemunhas de Jeová erraram e feio.

O Brasil foi penta campeão do mundo numa copa oriental que aconteceu de madrugada e não empolgou tanto quanto a de 1994.

O futebol brasileiro perdeu sua hegemonia no mundo.

Muita criança ficou chateada porque interromperam o Dragon Ball Z pra falar de um avião que havia se chocado com um prédio em Nova York.

Na realidade foram dois aviões, o segundo foi ao vivo e todo mundo viu, também ao vivo, as duas torres desabando com a narração de Carlos nascimento.

Osama Bin Laden foi caçado, mas virou a década mais vivo que nunca.

Saddam Hussein não deu a mesma sorte, foi morto enforcado e transmitido via youtube, outra novidade da década: um site que passa vídeos infinitamente.

Começaram os hits da internet. Melhor que a década anterior quando as pessoas enviavam pelo email os horrorosos powerpoints com ursinhos fofinhos, crianças fofinhas, gatinhos fofinhos, ou piadas horrorosas e virais. Sem contar as pavorosas correntes que amaldiçoavam quem não repassasse, porque o fulano não repassou e quinze dias depois o pai, a mãe, o irmão, morreu...

Paramos de gastar dinheiro com CDs originais e passamos a comprar CDs piratas sem nenhum remorso, paramos de comprar CDs piratas e passamos a fazer CDs em casa.

Paramos de ouvir CDs e descobrimos a extensão MP3. Num pequeno aparelho, do dia pra noite, passaram a caber mais de mil canções.

Todo mundo aprendeu o que é um pendrive.

Muita gente virou fã da Apple.

Todos esperavam o próximo escândalo da Britney Spears.

Era moda ter Orkut e pertencer a comunidades ridículas do tipo: "cago e não limpo", "odeio meu patrão" e "sou gostosa e daí?"...

As imagens passaram a ser Full HD.

Lula foi o presidente da década quase toda.

Um negro terminou a década presidindo os Estados Unidos.

Harry Potter assombrava os cinemas.

South Park deixou de ser um desenho idiota e passou a ser uma série inteligentíssima.

Bob Esponja fazia o sucesso da molecada com desenhos inéditos.

As manhãs globais ficaram bizarras com a Ana Maria Braga e seu "acorda menina".

Teve um show gratuito dos Stones em Copacabana e eu não fui.

Na retomada do Rock'n Rio o cantor Carlinhos Brown, que não tem nada a ver com rock, assim como o próprio Rock'n Rio, levou várias garrafadas do público ao se apresentar no palco principal pouco antes da péssima apresentação do Guns'n Roses.

Era moda relembrar os anos 80 e ir a festas temáticas com decoração de Moranguinho, Smurfs, Fofão. Ouvir Sidney Magal e Reginaldo Rossi.

Sérgio Malandro passou a ser cult.

O ritmo Black começou a assombrar as rádios de São Paulo, só não se pode reclamar muito porque na década seguinte o assombro veio através de coisas muito piores.

Todos cantavam com o Akon a horrorosa "lonely I'm so lonely I got nobody to call my own". Se não lembra, não vá atrás, essa música fica na cabeça e não sei nem ferrando.

Acompanhamos com o coração na mão o último episódio de Friends, a série mais popular de todos os tempos e icônica dos anos 90.

Fomos apresentados a Charlie Harper e vimos que Friends era uma total perda de tempo.

As videolocadoras deram seu último suspiro.

A TV a cabo se popularizou.

A internet ficou mais rápida.

O termo Classe C foi cunhado pela mídia e a frase "nunca antes na história desse país" foi repetida à exaustão.

A 89, rádio rock de São Paulo se transformou em 89, rádio pop de São Paulo. Meu Deus do céu.

As novelas eram Mulheres apaixonadas, América, O clone e Celebridade.

No cinema os filmes de heróis de quadrinhos vieram com tudo trazendo a alegria para os fãs de Homem Aranha,

X-men e Homem de Ferro.

Black eyed peas foi uma das maiores bandas da década.

A MTV deixou de ser um canal de música.

A Rede TV substituiu a Rede Manchete um mês antes do início da década.

Além de assistir ao Silvio Santos, Faustão e Gugu o povo começou a assistir ao Pânico na TV e a repetir como um bando de idiotas os bordões tipo "Ronaldo!" e as ridículas perseguições ao Clodovil, Carolina Dieckmann etc. e sandálias da humildade.

Celular deixou de ser artigo de luxo e não mais ridículo atender celular dentro de ônibus coletivo.

Câmeras digitais entraram na moda. Alguém já comprou uma Tekpix?

Crimes foram espetacularizados e pessoas estranhas entraram em nossa vida via meios de comunicação de massa: Isabela Nardoni, Eloá, Suzane Von Richthofen, irmãos Cravinhos, Eliza Samudio, Mércia Nakashima...

Supla e Bárbara Paz brilharam na Casa dos Artistas no SBT, com Silvio Santos.

Houve vários BBBs e nenhuma autocrítica por parte do Pedro Bial que de repórter brilhante passou a orador de poemas esquisitões.

As garagens começaram a se entupir de carros.

Os seios da Mônica cresceram.

Heth Ledger fez o melhor Coringa de todos os tempos e morreu.

George Harrison morreu.

Nando Reis saiu dos Titãs.

Chico Xavier morreu e no dia do penta.

Finalmente os Simpsons lançaram um longa-metragem.

Seu Jorge gravou um disco improvável com a Ana Carolina.

Gugu saiu do SBT pra fazer a mesma merda na Record.

As bandas e cantores internacionais decadentes começaram a aportar por aqui e cobrar uma fortuna pra assistirmos aos seus shows. E nós? Pagamos.

O que se há mais a dizer?

Anos 70 - Fede a petróleo (by Fábio Sant' Anna)

Entusiasmei-me com os saudosos textos escritos pelo meu amigo Mauro Marcel versando sobre o que foram as últimas décadas, o que despertou em mim uma enorme vontade de falar da década de 1970, e lá vou eu...

Eu estava lá, ainda que na metade dela, mas podia ouvir do ventre Creedence Clearwater Revival cantando Have You Ever Seen the Rain...

O Brasil foi campeão mundial no futebol já no início da década. E o Corinthians paulista sairia do jejum de títulos depois de 23 anos e alguma coisa... em 1977...

Nem todo mundo tinha televisão ainda mais ia assistir na

casa do vizinho. Se a televisão fosse colorida então... era um desbunde. As novelas que "bombaram" eram Selva de Pedra, Saramandaia e principalmente O Bem Amado que falava de nossos políticos como se fosse hoje!

Tem gente que diz ver fantasma do Edifício Joelma até hoje, e do Andraus idem.

Os sambistas não usavam terno salmão nem pintavam o cabelo de amarelo, mas exaltava o verde-amarelo nas músicas como Aquarela Brasileira de Martinho da Vila ou Charlie Brown de Benito de Paula.

Tinha até sambista mulher, como Clara Nunes, Beth Carvalho e a "marrom" Alcione.

Outras mulheres no samba eram as mulatas do Sargentelli.

Falava-se muito da Transamazônica, do BNH, do milagre econômico, coisas saídas das bocas de políticos que ainda rondariam por muito tempo nossas vidas como Delfim Netto e Paulo Maluf.

Militar era uma carreira promissora a se seguir. E nas escolas a gente tinha que pintar duas faixas verde e amarelo no canto da página do caderno.

Educação Moral e Cívica era ensinada em sala de aula junto com outra matéria chamada OSPB.

Ninguém ouvia falar de tortura nem de gente desaparecida, coisa que se tornou muito comum três décadas depois.

A discoteca dominava os salões de dança, tanto que Dancin Days, a novela, tornou-se uma coqueluche nacional, trazendo de rabeira gente como Dudu França, Sidney Magall, as Frenéticas, as Patotinhas e essa patota toda...

Tinha muito programa de rádio que era líder de audiência na rádio AM como Gil Gomes, Barros de Alencar, Zé Betio e a Volta do Sucesso.

Mesmo na televisão os programas de TV bregas eram bregas autênticos como Chacrinha, Bolinha e que tais.

Não existia vídeo game, mas existia muito brinquedo da Estrela.

A gente calçava Kichute e vestia calça boca-de-sino...

Bebia Groselha vitaminada Milani ou Crush.

E se divertia com os inúmeros desenhos de Hanna-Barbera que se não tinham a mesma qualidade tecnica que as animações da Disney eram cem por cento mais engraçados.

Não se via nenhuma mulher de bunda de fora apresentando programa infantil, só uns bonecos de uma Vila Sésamo bem mais educativos que qualquer bunda celulítica.

Se nem todos tinham TV o que dizer então de TV a cabo? Assistíamos as séries americanas com uma década de atraso pelo menos, como era com A Feiticeira e Jeannie é um Gênio.

O Cinema brasileiro encolheu e ficou relegado às pornochanchadas, que foi até muito bom por outro lado. Tinha um programa na TV Record que apresentava essas pérolas chamado Sala Especial, e fazia a cabeça dos moleques que não tinham nem dinheiro nem coragem de comprar revista pornô nas bancas.

Mas um pessoalzinho se arriscava comprando os "catecismos" de Carlos Zéfiro.

Ter um automóvel confortável era possuir uma Brasília ou mesmo uma TL que mais me lembra uma barata.

Elvis morreu no final da década e com ela o Regime Militar, a discoteca, a crise do petróleo, mas o infame programa Semana do Presidente ficou ainda por alguns anos.

As rádios FMs surgiram e com elas a música de elevador.

É claro que ainda temos resquícios desses anos de chumbo, como A Voz do Brasil, alguns politiqueiros dinossauros, Sílvio Santos, o discurso de o Brasil ser o país do futuro e coisas do gênero.

Quem sabe daqui a alguns anos possamos nos orgulhar de tentarmos congelar essas imagens...

Anos 60 - a era que inventou o que somos

Não sei quão fundo conseguiremos ir neste túnel, mas eis algo divertido de fazer.

Eu não estava lá, mas até hoje escuto os ecos daquele tempo.

O rock'n roll perdeu o sobrenome e virou rock.

Uma droga muito maluca chamada LSD passou a ser utilizada pela juventude por alguns grupos de jovens americanos dando origem à contra cultura, que era contra a cultura oficial e hoje serve de base à cultura oficial, com canções, antes demoníacas, servindo de jingle para a venda até de chiclete e coca cola.

Um americano pisou na lua em 1969 e até hoje há quem não acredita.

Caetano Veloso, Chico Buarque e Gilberto Gil criaram a grande questão que nos assola até hoje: qual deles é o melhor? Porque o mais chato é claro que sabemos quem é.

A Jovem Guarda excitava as menininhas nas tardes de domingo da Record, programa que entrou no lugar do futebol que não podia ser transmitido ao vivo devido a problemas com a censura.

Jânio quadros assumiu e depois de seis meses se mandou, deixando o Brasil numa enorme crise política que só acabaria nos anos 80, para alguns anos 90, para alguns ainda não acabou.

Roberto Carlos mandou tudo pro inferno e até hoje é o cara.

Os Beatles cantaram a trilha sonora de nossas vidas. Durante a década emplacaram dezenas de obras primas e não viraram a década juntos.

O rock inglês invadiu a América, menos o Brasil que ouvia o rock italiano via Jovem Guarda.

Aconteceu o Woodstock.

Aconteceram: Rolling Stones, Pink Floyd, The Who, Beach Boys...

Stanley Kubrick escreveu e dirigiu o maior filme de ficção científica de todos os tempos "2001, uma odisséia no espaço".

Mataram o presidente Kennedy quando ele desfilava em Dallas e mataram o cara que o matou pra ninguém questionar o fato.

Os americanos invadiram o Vietnã e se deram muito mal.

Brasília, nossa novíssima capital, dava seus primeiros passos na direção de escândalos.

As ruas brasileiras se enchiam de fuscas. Um dos carros mais populares de todos os tempos, invenção da Alemanha nazista.

Os jornais noticiaram que uma revolução popular havia derrubado o presidente João Goulart no dia 31 de março. Duas mentiras, não foi revolução, foi golpe de estado e não foi em março, mas no dia 1º de abril. Por saberem da mentira, anteciparam o dia e mudaram a história oficial.

AI1, AI2, AI3, AI4, AI5...

Professores davam aula de política na PUC e desapareciam depois de dar opiniões contra o governo.

Militantes do Partido Comunista Brasileiro desapareciam e nenhum jornal noticiava.

A União Nacional dos Estudantes era perseguida.

Deputados perseguidos.

Prefeitos e governadores depostos.

Pouquíssimas pessoas do povo estavam aí pra isso. O grau de analfabetismo e ignorância da população era tão grande que poucos, de fato, se preocupavam com decisões que mudariam suas vidas de forma decisiva.

A escritora Rachel de Queiroz achou muito legal a Revolução de 64 e escreveu artigos em jornais apoiando o fato histórico.

Carlos Drummond não falou nada.

Vinícius de Moraes conseguiu um emprego de diplomata, mas via concurso.

Clarice Lispector escreveu "A paixão segundo G. H." O melhor livro da literatura brasileira.

Mas o escritor da moda era Jorge Amado, pra quem sabia ler.

A Revolução Cubana ocorreu em 1959, mas foi nos 60 que o mundo presenciou a ascensão do estado socialista das Américas.

A guerra fria deixava o mundo tenso, mas poucos brasileiros tinham televisão pra saber a respeito. As escolas eram precárias, o Ensino Médio inexistente.

A média de altura dos brasileiros era menor, por conta da má alimentação da população, que era analfabeta; o país cortado por precárias rodovias, uma viagem entre São Paulo e Salvador, por exemplo, poderia durar mais de uma semana.

O filme "O pagador de promessas", da peça homônima de Dias Gomes ganhou a Palma de Ouro em Cannes, depois disso, nunca mais prêmios internacionais de valor.

A bossa nova conquista o Carnegie Hall e o mundo, enquanto era insultada inflamadamente por setores da esquerda brasileira.

Os festivais de música viraram febre nacional e a canção "pra não dizer que não falei das flores" nunca ganhou nenhum festival, mas conquistou o título de canção favorita das passeatas dos próximos trinta anos.

O festival da Record de 67 foi histórico, pois deu aos compositores a voz pra cantar suas próprias canções, porém foi Sérgio Ricardo que roubou a cena quebrando o violão e jogando na plateia.

A seleção brasileira de futebol começou o década sendo bicampeã do mundo e se envergonha em 1966, eliminada por Portugal. Tudo recebido via ondas de rádio, imagens apenas na copa de 70 com o Brasil tricampeão.

Uma pequena emissora de TV é inaugurada no Rio de Janeiro e com o tempo vai conquistando espaço, através de falcatruas, ilegalidades e desrespeito às leis: a Rede Globo.

Mutantes, Tom Zé e demais tropicalistas experimentavam.

A mini saia ganhou as ruas. Não as do Brasil, que ainda estava muito atrasado. Estava?

As novelas eram "Cabana do Pai Tomás", "Sangue e areia" e "O ébrio".

O Bandido da luz vermelha atormentou a polícia paulistana em 1967.

Era uma época em que Castelo Branco era nome de presidente e não de Rodovia. E Costa e Silva não era o minhocão.

No país mais católico do mundo, nunca um Papa havia visitado o Brasil.

1968 já foi chamado de o ano que nunca terminou, mas eu discordo. Toda a década de 60 terminou em um maravilhoso 69.

Anos 50 – O berço do rock

Indo um pouco mais fundo descobrimos a expressão pós-guerra que significa o período posterior à Segunda Guerra Mundial, os anos 50 são "a" década do pós guerra.

Foi pra lá que o Marty McFly viajou no tempo pra impedir que seu pai visse sua mãe trocando de roupa e acabou fazendo sua futura progenitora se apaixonar por ele próprio.

Em 1957 Jack Kerouac escreveu o livro "On the road" influenciando toda uma geração a questionar os valores pré-estabelecidos e querer sair de casa vivendo experiências malucas que envolviam sexo, drogas e "Jazz": embrião do movimento rock.

A mãe deste escritor/blogueiro também nasceu em

1957 influenciando toda a criação deste texto, deste blog e do tempo que você está gastando agora lendo sobre os anos 50.

Nesta década começou a pesca comercial da lagosta no Brasil, mas o povo daqui não ficou sabendo, muitos não tinham nem arroz no prato.

O lado bom? Não havia Rede Globo. O lado ruim? Havia os "Diários Associados".

Na terra brasilis o povo estava interessado era em futebol. Mas levaram um sapeco no Maracanã que foi calado no evento conhecido até hoje como maracanaço.

Em 1958 conseguimos a nossa primeira copa. Falei conseguimos? Foi o que pensamos, na esteira do sucesso de Pelé, o mais jovem jogador a vencer uma copa do mundo e também no embalo da construção de Brasília.

A capital do Brasil mudou para o Planalto Central em 1960, mas passamos a segunda metade da década nos sentido o maior país do mundo, com apoio às indústrias automotivas, criação da bossa nova e cinquenta anos em cinco.

Mas o povão, isto é, a maior parte da população, não estava nem aí pra Tom e Vinícius, estavam mais interessados em endeusar o presidente JK (o presidente Bossa nova), ainda estávamos sob o efeito do choque do suicídio de Getúlio Vargas em agosto de 1954. Carentes de um herói.

Ficheiro:Braun HF 1.jpgAs informações sobre o ocorrido nos campos de concentração nazistas chegavam a cada dia através de sobreviventes, noticiários. Dando popularidade ao termo holocausto. (Sim meu queridos, as informações a respeito demoravam muito pra chegar por estas bandas, quase dez anos depois do fim da guerra ainda havia novidades do front).

Mas Elvis estourava nas paradas de sucesso e emudecia os pais enquanto umedecia as filhas. (Trocadilho horroroso...).

Little Richard cantava tutti-frutti.

Jerry Lee Lewis the great balls of fire...

Ernest Hemingway tornou público o clássico "O velho e o mar" maravilhosa narrativa a respeito da vontade estoica.

Alguns anos depois o mesmo Hemingway vai morar no país que fez a revolução socialista nas Américas e lá comete suicídio com um tiro de espingarda na boca. (Nada muito estoico).

O cinema tem filmes maravilhosos como "Crepúsculos dos Deuses", "Sindicato de ladrões", "Quanto mais quente melhor", "Cantando na chuva", "Acossado", "Rastros de ódio" e muito mais.

Sem falar em James Dean com a "Juventude transviada". E a arrasadora Marilyn Monroe sendo o delicioso pecado morando ao lado.

Alguns desses filmes só passaram nos cinemas brasileiros dez anos depois. Alguns apenas em VHS nos anos 90.

A televisão chegou ao Brasil em 1951 via Diários Associados, a finada TV Tupi.

Foi em 1950 que B. B. King batizou dua guitarra de Lucille.

É a década da primeira reunião da ONU, uma ideia maravilhosa que nunca foi posta em prática realmente.

Dos cacos da II Guerra Mundial surgem a Guerra da Coreia e a do Vietnam, ambas com a participação estadunidense.

O samba canção era soberano nas rádios brasileiras, mas nem todo mundo tinha rádio.

As Olimpíadas aconteceram em 1952 em Helsinque e em 1956 em Melbourne e apenas quatro brasileiros voltaram das duas olimpíadas com medalha.

Foi a última década da música antiga no Brasil que se renovou nos anos 60 com os tropicalistas influenciados pelo rock, pelo impulso da entrada dos artigos de consumo norte-americanos. País que se tornava a principal grande potência mundial, mesmo tendo a guerra fria com a União Soviética; os estadunidenses foram os grandes vitoriosos das Guerras Mundiais, assim o grande credor, sendo o devedor toda a Europa.

Tudo sob a sombra de bombas atômicas que perigavam cair e nunca caíram, pelo menos até agora.

Lembrando que as bombas atômicas que. de fato atingiram pessoas, foram lançadas sobre o Japão pelos

Estados Unidos, num ponto da guerra em que se esperava apenas a rendição dos derrotados. Isto é, foi na década de 50 que a propaganda trabalhou de maneira mais incisiva pra esconder algumas verdades, publicar outras, divulgar um país maravilhoso, repetindo milhões de vezes as mentiras tornando-as verdades, assim como o ministro de propaganda nazista ensinou e o governo americano desenvolveu.

Em 1955 Rosa Parks, jovem negra americana, recusou-se a levantar e dar seu lugar a brancos num ônibus e de forma pacífica revolucionou o tratamento dado aos negros nos Estados Unidos e daí ao mundo.

Muito mais que qualquer um de nós já fez em toda a vida.

Por que o funk é arte moderna?

No final do ano passado organizamos, um café filosófico na escola que trabalho com o tema: Música e funk. O texto que segue é uma tentativa de sintetizar um pouco do que foi aquele momento.

A música começou de forma primitiva. Um cara nas cavernas bateu uma madeira na outra e bateu de novo e de novo e anoiteceu. A fogueira acesa, as madeiras batendo, as pessoas se remexendo, alguém trouxe um tambor, outro começou a fazer sons incompreensíveis com a boca, algumas meninas em cima de uma árvore começaram a bater palmas.

Na manhã do dia seguinte só comentavam a noite do batuque, prometeram repetir a festa e repetiram, alguns trouxeram pedras, outros chifres de animais mortos, pessoas vinham de longe e aprendiam a batucar. Alguém serviu o que sobrou do javali morto do dia anterior, um rapaz trouxe uma bebida fermentada de restos de arroz, ficaram alimentados e bêbados.

Assim inventaram a música, a festa, a confraternização, o transe hipnótico que só o ritmo é capaz de trazer. (Grosso modo, bem grosso modo, foi assim que aconteceu).

Também grosso modo a nossa música, a escutada hoje, tem raízes europeias, africanas, indianas, árabes, vivemos num caldeirão de sons e ritmos.

Hoje é tudo muito diverso, as rádios não tocam mais músicas, as canções estão agonizando (há muito e muito tempo). A extensão MP3 nos permite acumular mais de 10.000 canções em um aparelhinho do tamanho de um dedo médio.

Talvez essa banalização é o que tenha retirado o caráter de celebração da música e explique um pouco do vazio presente nos argumentos das canções.

E é nisso que está o cerne da questão: o funk é vazio. E qual é o problema?

Quero falar de um ritmo que nasceu nos morros cariocas, som de negro, de favelado. Um ritmo que era escutado de forma marginal por gente de baixa renda, não era aceito pelas grandes gravadoras, símbolo de pouca qualidade musical, de pouco nível intelectual do apreciador.

As festas consideradas orgias, as dançarinas chamadas de prostitutas, os compositores detratados. Até que alguns brancos descobriram o que acontecia e começaram a apreciar o ritmo, primeiro alguns brancos ricos, depois espalharam a notícia, o ritmo foi escutado, apreciado e enfim aceito como baluarte da cultura nacional.

Estou falando de que ritmo? Sim, dele mesmo: o samba.

Não tenho o menor medo da comparação.

Com o funk de Tati Quebra barraco e Claudinho e Boxexa acontece o mesmo que aconteceu com o samba de Noel, Cartola e Martinho da Vila.

Há muita gente que deveria estar mais interessada em olhar o próprio nariz, ler um pouco de história (do Brasil, da América Latina, da arte, do mundo).

Música não é argumento, o nome disso é livro. Música é outra coisa.

E nem tudo é narrativa, se música de qualidade fosse música com boa letra Beethoven seria um nada, ele e os demais clássicos, assim como os mestres do Jazz.

Infelizmente o Brasil é um país de memória curta, uma nação que não está habituada aos livros, com uma porção de gente com opinião, pessoas que não sabem que opinião sem argumentos é boato.

Dizer que o funk é uma porcaria é semelhante ao que diziam do samba quando este começou.

O funk não conversa comigo, não é minha música, mas chamá-lo de barulho se equivale ao que os pais da geração beatnik diziam do rock.

Arnaldo Antunes tem uma canção maravilhosa que na

letra diz que há "música para ouvir no trabalho, música para jogar baralho, música para arrastar corrente, música para subir serpente" e nesse mundo de banalização da canção há até "música para ouvir".

Qual é a música para ouvir?

Ouvidos preconceituosos que querem ouvir música para ouvir na hora de ouvir música para dançar. Querem música para tocar no estádio na hora da música para ninar nenê.

E no fim é só música.

Demorou muito para mim e meu heavy metal aprendermos que a minha mãe evangélica tem outra história de vida e não vai ouvir comigo o "The number of the beast" do Iron Maiden. O caminho é outro.

E que papo de velho esse de que "essa dança só ensina o que não presta". "Baile funk é lugar de sexo e drogas".

Infelizmente, esse papo de sexo e drogas é coisa de juventude.

Quem se incomoda com isso é porque não é mais jovem. Já foi Jazz, drogas e sexo. Rock, drogas e sexo. O ritmo da vez é o funk. E é sempre bom procurar informações idôneas. Há um exemplo bacana: o filme "Grease" tem um baile em que se dá uma mostra de como eram as danças em bailes dos anos 50 ao som de rock. A dança é a do funk.

Voltando um pouco seria o jazz. Voltando mais seria

alguma outra dança mais antiga, até chegarmos naquele cara batucando as pedras, os tambores e as madeiras. Não é música para ouvir, é música para dançar.

Nunca entendi a música eletrônica, até que aceitei o convite e fui a uma rave. Tudo fez sentido. A música eletrônica é maravilhosa, na rave, num clube noturno, numa festa, dançando com muitas luzes pipocando. Nunca na sala da minha casa, no autofalante do meu aparelho de som.

Há ritmos muito menos perseguidos pela mídia e senso comum, mas que são verdadeiras latrinas musicais como o lixo do sertanejo universitário, o excremento daquele negócio chamado sambô e muita merda musical criada pela mídia com a função única de vender discos, shows, modas, carros, carroças. Não há personalidade alguma num cara que veste bota, fivela, chapéu e nunca montou num cavalo. Não tem o menor direito de ser chamado de sertanejo. De que sertão?

O Funk (assim mesmo em maiúsculo) é uma expressão legítima da população carioca, conquistou espaços, abriu caminhos e não precisa argumentar, mas argumenta: "é minha, é minha, a porra da buceta é minha" é o que grita a Tati Quebra Barraco.

A Rita Lee com seu rock/pop bem água com açúcar melodiava nos anos 70: "me vira de ponta cabeça, me faz de gato e sapato, me deixa de quatro no ato, me enche de amor, de amor e lança perfume".

Se uma filha da classe média paulista canta para ser

deixada de quatro e pedir lança perfume pode, porque uma filha dos morros não pode dizer que a buceta é dela e ela dá pra quem ela quiser?

Falta poesia? Falta educação? Falta noção? De quem? De quem canta ou de quem escuta?

E eu não estou esquecendo dos idiotas que ligam o som no último volume empurrando-nos ouvido adentro o funk deles de cada dia. O problema é que há mal-educados ouvindo tudo que é tipo de música: sei todas as canções do Amado Batista graças ao vizinho que morava ao lado da minha casa em minha infância, e não só ele: forró, reggae, pagode, axé. Até eu ter o suficiente pra comprar o meu aparelho e destilar o vil metal nas orelhas da vizinhança. Não sei se incomodei, acredito que sim, mais provável que não.

E não se engane: uma coisa é música, outra é canção.

Canção envolve letra (voz) e melodia com instrumentos musicais.

Música é muito mais.

E não se engane de novo:

Há safadeza em letras de canções desde que elas foram inventadas. O Funk não inventou isso, se assim fosse, seria até um ponto a mais a ele. Pena não ser. Há letras sacanas na França, Estados Unidos, Inglaterra, Arábia Saudita, Irã, Austrália.

Afinal, até as abelhas, os pássaros e os insetos transam. E foi Ella Fitzgerald quem cantava canções assim.

Enfim, o Funk não é pra mim, nem ele, nem o sertanejo universitário, o pagode do sapato caramelo dos anos noventa, ou a perdida esfregando os ovários na boca da garrafa tentando ganhar a vida dançando no programa dominical da rede Globo. Nada disso é pra mim, não por eu ser melhor, mas simplesmente porque não conversam comigo, com minha história, minha personalidade, meu jeito de ser. No fim é só música, apenas isso.

Mas quando discriminamos, deixa de ser apenas e passa a ser outra coisa. Quando um cantor grita e assim conquista sua voz, a canção passa a ser muito mais. Não é meu jeito de gritar, mas não vou tampar os meus ouvidos.

Vou escutar Reggae, Rap, Rock, Jazz e quando der vontade, por que não? Funk. O do James Brown e do Tim Maia, afinal, ainda acredito que um pouco de classe seja preciso.

Hipster babaca

Conhecer a banda que ninguém conhece e cultuar o

movimento cultural de que ninguém ouviu falar não te faz ser mais inteligente, mas aumenta exponencialmente as suas chances de tornar-se um hipster babaca.

Deixar a barba crescer e usar camisa xadrez não te faz ser mais inteligente, mas aumenta exponencialmente as suas chances de tornar-se um hipster babaca.

Deixar de comer carne e começar a seguir o Greenpeace no Facebook não te faz ser mais inteligente, mas aumenta exponencialmente as suas chances de tornar-se um hipster babaca.

Sentar no bar da rua Augusta e discutir o impacto do embargo americano a Cuba não te faz ser mais inteligente, mas aumenta exponencialmente as suas chances de tornar-se um hipster babaca.

Visitar São Tomé das Letras e fumar maconha vendo discos voadores não te faz ser mais inteligente, mas aumenta exponencialmente as suas chances de tornar-se um hipster babaca.

Ser amigo do professor descolado de esquerda e tomar uma cerveja Norteña no bar da equina da universidade não te faz ser mais inteligente, mas aumenta exponencialmente as suas chances de tornar-se um hipster babaca.

Cultuar Quentin Tarantino, Woody Allen, Lars Von Trier e estudar cinema em Universidade Pública não te faz ser mais inteligente, mas aumenta exponencialmente as suas chances de tornar-se um hipster babaca.

Usar saia florida estilo hippie e cabelo verde não te faz ser mais inteligente, mas aumenta exponencialmente as suas chances de tornar-se uma hipster babaca.

Deixar os cabelos das axilas crescerem e fazer disso bandeira de luta feminista não te faz ser mais inteligente, mas aumenta exponencialmente as suas chances de tornar-se uma hipster babaca.

Fazer teatro ou teatro amador e dizer que sonha em viver de arte já é ser um hipster babaca.

Entrar em movimentos sociais e postar no Tweeter suas fotos jogando pedras na polícia não te faz ser mais inteligente, mas aumenta exponencialmente as suas chances de tornar-se um hipster babaca.

Escrever uma peça que nunca foi encenada, um livro que ninguém leu, estar numa banda que nunca tocara em lugar algum não te faz ser mais inteligente, mas aumenta exponencialmente as suas chances de tornar-se um hipster babaca.

Cabular a aula do professor chato e fazer isto como forma de protesto não te faz ser mais inteligente, mas aumenta exponencialmente as suas chances de tornar-se um hipster babaca.

Citar Karl Marx não te faz nem de longe parecer mais inteligente e te torna imediatamente um hipster babaca.

Dizer que não se importa com dinheiro enquanto come a comida preparada pela mamãe, ou antes, pela empregada da mamãe não te faz ser mais inteligente, mas aumenta exponencialmente as suas chances de tornar-se um hipster babaca.

Ter vergonha do pai pedreiro e orgulho de pegar na mão do pintor sueco não te faz ser mais inteligente, mas aumenta exponencialmente as suas chances de tornar-se um hipster babaca.

Ter vergonha do pai banqueiro e continuar vivendo de mesada não te faz ser mais inteligente, mas aumenta exponencialmente as suas chances de tornar-se um hipster babaca.

Abrir mão da mesada do pai rico para se dedicar com os próprios esforços à arte, ou à revolução, ou ao que quer que seja não te faz ser mais inteligente, mas aumenta exponencialmente as suas chances de tornar-se um hipster babaca.

Viajar por vários países da Europa e esfregar na cara de todos os "amigos" inteligentões em todas as oportunidades possíveis te torna um babaca de marca maior.

Beber cerveja gourmet não te faz ser mais inteligente, mas aumenta exponencialmente as suas chances de tornar-se um hipster babaca.

Vestir camiseta com imagem de ícones da cultura pop, ou da contra-cultura, ou de qualquer elemento pseudo artístico não te faz ser mais inteligente, mas aumenta exponencialmente as suas chances de tornar-se um hipster babaca.

Usar boina e tênis All Star com camisa e calça jeans rasgada não te faz ser mais inteligente, mas aumenta exponencialmente as suas chances de tornar-se um hipster babaca.

Entrar no curso de fotografia e montar um blog dizendo estar explrando o mundo não te faz ser mais inteligente, mas aumenta exponencialmente as suas chances de tornar-se um hipster babaca.

Dizer que não gosta de gente não te faz ser mais inteligente, mas aumenta exponencialmente as suas chances de tornar-se um hipster babaca.

Dizer que é a favor da liberdade e ser contra a liberdade de expressão dos que pensam diferentemente de você não te faz ser mais inteligente, mas aumenta exponencialmente as suas chances de tornar-se um hipster babaca.

Ir ao cinema de arte, odiar o filme e sair indicando a todos para parecer menos babaca te faz ser um babacão.

Elogiar a fotografia do filme de arte não te faz ser mais inteligente, mas aumenta exponencialmente as suas chances de tornar-se um hipster babaca.

Dizer que seu sonho é conhecer Machu Picho e que nunca pisaria os pés nos Estados Unidos não te faz ser mais inteligente, mas aumenta exponencialmente as suas chances de tornar-se um hipster babaca.

Ser a favor da ditadura Cubana, usar camiseta com a imagem de Che Guevara e filiar-se ao PSTU não te faz ser mais inteligente, mas aumenta exponencialmente as suas chances de tornar-se um hipster babaca.

Discursar que os que não pensam como você e criticam o PSTU estão a favor do governo, são tucanos, coxinhas, e que não tem consciência, saber ou são mal intencionados não te faz ser mais inteligente, mas aumenta exponencialmente as suas chances de tornar-se um hipster babaca.

Repetir o que o professor de esquerda falou nas aulas sobre Revolução Francesa, Revolução Russa, Revolução Cubana no meio de um debate sobre a conjuntura nacional é burrice pura e te torna imediatamente um hipster idiota.

O que te torna mais inteligente é ler, estudar, ter honestidade intelectual e saber que há vários espaços em branco em todas as teorias. Isto é o que nos trouxe até aqui e é o que nos levará para algum lugar.

O que te torna mais inteligente é se esforçar menos para parecer tão interessante.

Por que o Brasil não vence mais as copas do mundo?

Cada país tem suas tragédias.

O Japão teve um tsunami que invadiu as cidades costeiras corroborando para a destruição de uma usina nuclear fazendo todo o povo daquelas ilhas repensar sua política enérgica. Em tempo, o Japão é um dos países, se não o mais bem preparado para tragédias naturais.

Os Estados Unidos tiveram o seu 11 de setembro. O que veio depois os fez repensar seu modo de vida, não somente eles, perdemos todos a inocência. Causa graça hoje assistir aos filmes antigos em que as personagens dentro de aviões fumando, com pistolas de choque, garfos, facas, garrafas. A guerra ao terror, o próprio termo terrorista ganhando outro significado no século XXI.

O Brasil de enormes tragédias sociais e quase nenhuma natural também passou por um processo de luto e obrigatoriedade de ter de repensar sua própria identidade. Não tivemos Pearl Harbor, não tivemos Hiroshima, nem terremotos como o Haiti ou o Chile. Tivemos uma derrota avassaladora para o time de futebol da Alemanha.

Foi em 8 de julho de 2014. O dia em que nos olhamos no espelho e não gostamos do que vimos.

Durante o século XX foi-se construindo a imagem do Brasil como uma nação de vira latas, um povo de segunda classe e que tinha apenas no futebol um motivo para orgulhar-se e sentir-se tal qual as grandes nações do mundo. Não à toa houve uma copa do mundo deste esporte no ano de 1950 e com uma pseudo grande vergonha a seleção brasileira derrotada em pleno Maracanã, no silêncio então chamado Maracanazo.

Pois bem, depois disso o país investiu neste esporte via meios de comunicação de massa: rádio, televisão, jornais impresso. E ao longo da segunda metade do século XX viu-se transformar aí sim na pátria de chuteiras: cinco vezes campeão do mundo, melhor jogador de futebol da história, seleções maravilhosas como a de 1970 e injustiçadas como a de 1982 e assim por diante.

Lembro da minha infância, eu nunca gostei realmente de futebol, mas ele – o futebol – era onipresente em todos os lugares que ia: nas paredes enfeitadas com as fotografias dos times (aquela clássica com cinco abaixados e sei em pé), troféus nas prateleiras de todos, a televisão preto e branco com times de um lado e outro, bola de capotão no pé do meu irmão, o rádio com o Osmar Santos e seu tirulirulá tiruliruli e muito mais. As crianças jogando futebol na rua o dia inteiro, correndo livres o dia inteiro, pulando o muro das escolas para jogar futebol na quadra o dia inteiro.

Uma vez li em algum lugar que pra tornar-se bom em alguma coisa uma pessoa deveria fazer mil vezes o mesmo movimento. Talvez por isso nunca tenha sido bom em esporte coletivo algum, não ficava na rua com os outros meninos jogando bola (futebol é tão onipresente em nosso cotidiano que mesmo havendo dezenas de esporte com bola, chamamos o futebol de "jogar bola").

Pois bem, na última Copa do Mundo vencida pelo Brasil um jogador francês chamado Thierry Henry deu uma declaração interessante. Então eu abro aspas "É claro que os jogadores brasileiros são melhores. Eles jogam desde a infância. Na França as crianças vão pra escola". Fecho aspas.

A frase que despertou alguma curiosidade, pouca revolta e alguns debates na época está no cerne do problema do futebol no Brasil. Sabendo que este tema em qualquer lugar do mundo é apenas esporte, mas que acabou por tomar uma relevância cultural absurda – numa entrevista com o grande jogador brasileiro de basquete Oscar ele alegou que o basquete não era o terceiro esporte do Brasil, "o futebol é o primeiro, o segundo, o terceiro, o quarto, o quinto, o vôlei talvez o décimo, sendo o basquete um pouco depois".

No Brasil o futebol não é apenas futebol. O jogador francês Henry percebeu isso de forma muito simples. As crianças recebiam futebol na chupeta, mesmo fora da escola. É um esporte fácil de ser praticado, mesmo sem material oficial: bola de meia, chinelo como trave, no meio da rua, time com e sem camisa e diuturnamente o esporte bretão é praticado.

Então o que aconteceu de errado? Por que não somos mais os tops do esporte? Respondo: mandamos as crianças para a escola. Simples assim.

Há muitos problemas na estrutura esportiva nacional, é

óbvio. Assim como há vários problemas num país a se construir como o Brasil: educação, saúde, cultura, ética, enfim, tudo o que transforma um território em país, um país em nação. Um lugar que chamamos de lar.

Mas no futebol havia um paradoxo: mesmo quando íamos mal na vida o Pelé fazia gols, o Galinho de Quintino lançava seus petardos de falta, os joelhos quebrados do Fenômeno pareciam consertar-se para concertar uma orquestra de gols e o que dizer do Gênio das Pernas Tortas (mesmo com as pernas tortas), parecia milagre, parecia que Deus era mesmo brasileiro.

Todos eles adultos com pouca escola, sem curso universitário, oriundos do que o Brasil tinha a oferecer de mais comum para seu povo: uma vida de privação e algum futebol.

E como os gênios do esporte acima citados repetiam os mesmos movimentos pela manhã, à tarde e à noite. Não é absurdo se imaginar que aos dezessete anos já podiam praticar o esporte de forma profissional e levar uns trocados pra casa. Por vezes mais que uns trocados, criando assim a figura do jogador profissional arrimo de família, ou do jogador de futebol milionário. Em todo caso com nenhuma ou raríssima formação escolar – não raras são as histórias dos jogadores profissionais narrando suas aventuras fugindo da aula em direção ao campo de pelada.

Quando o Brasil universalizou o ensino alcançou

tardiamente um padrão de exigência humanitário que deveria ter sido alcançado há muito tempo, foi no final dos anos 1990, o governo celebrou todas as crianças estudando. E mais, no Brasil é crime não enviar as crianças pra escola. Menos crianças nas ruas, menos jogadores nos campos de pelada, mais alfabetização.

Com mais alfabetização outros prazeres são descobertos, outros gostos, outras vontades. O poder aquisitivo aumenta, vídeo games são comprados, as pessoas começam a morar em condomínios, o número de filhos diminui então a preocupação com os poucos que se tem aumenta.

E como resultado um grande impacto social positivo causado pelo acesso à educação, mesmo sem ser a tão sonhada educação de qualidade: aumento do PIB, elevação do Índice de Desenvolvimento Humano (IDH), acesso à água encanada, esgoto, luz elétrica e novamente menos crianças nas ruas jogando bola.

Poucos anos depois os jogadores brasileiros não são mais os mesmos. Não há tanto treinamento auto didático como outrora. As escolinhas de futebol não são para todos e não somos uma cultura esportiva como os Estados Unidos que enviam seus melhores atletas para jogarem nas universidades com bolsa de estudos, desenvolvendo assim uma ciranda quantitativa e qualitativa incentivando as crianças desde pequenas a praticarem o esporte dentro dos muros da escola.

Sem contar os outros problemas da questão, como o assédio de empresários inescrupulosos às crianças que em tenra idade já são enviadas pra jogar em países como Turquia, China, Rússia, Japão e um ou outro sortudo Espanha, França, Inglaterra e outros centros da prática do futebol. Alguns deles até têm a sorte de profissionalizar-se e crescer nesta carreira, outros desaparecem sem ao menos aparecerem de fato.

Mas é corrente entre os que vivem deste esporte a consciência de que não deixam ter tempo de maturar o talento, que mesmo sem estar pronto já assinam contratos e vão rendendo alguns trocados para agentes inescrupulosos.

Seria cômica a constatação de que hoje as crianças jogam muito mais futebol nos vídeo games que na realidade.

Também que a qualidade das escolinhas de futebol se assemelha à qualidade das escolas regulares, isto é, péssima.

Resultado? Gol da Alemanha.

No dia seguinte ao fiasco da Copa de 2014 o brasileiro, atônito, não sabia pra onde correr. Aquilo que tanto o orgulhava deixara de ser.

Como ter orgulho de seu povo? Como se reinventar? Como se reconstruir?

Talvez esquecendo que para se ter excelência em algo deva-se aplicar, estudar, inovar, buscar, batalhar, perder noites de sono, usar horas de sua vida para tornar o que se faz algo de valor.

No tempo do Pelé se forjava o talento na pedra.

As coisas mudaram. Ou reaprendemos a forjar novos talentos, ou descobrimos, numa epifania louca, que nunca fomos, de fato, o país do futebol.

Qual o movimento literário de agora, século XXI?

Uma das perguntas mais recorrentes em aula de literatura é "a qual movimento literário pertencemos". Se o Romantismo acabou, assim como Realismo, Parnasianismo, Modernismo e outros tantos ismos, para onde estamos indo e onde viemos parar?

Este ensaio tratará disso, mas desde já poupo a leitura e dou a resposta sem a argumentação: não é possível saber a qual movimento pertencemos, podemos especular a respeito e quando tivermos distância histórica para tal, aí sim haverá uma definição de consenso entre os estudiosos de letras e outras áreas.

Isto posto, posso começar a desenvolver meu raciocínio um tanto entre a especulação e o repertório do passado.

É por este caminho que levarei quem se arriscar a ser meu leitor, indo e vindo, cambaleando por palavras do cotidiano, esquecendo o fato de que nada está totalmente dito e muito por se dizer mesmo a respeito de estilos literários já consolidados como o Barroco ou o Arcadismo.

Sem mais voltas.

Começo pela definição do que seja um movimento literário, ou escola literária, ou estilo de época.

Movimento literário é o que convencionou-se denominar de o conjunto de textos pertencentes à mesma época, que atenda às mesmas características estruturais quanto à sua forma e ou conteúdo.

Portanto para um poema ser Romântico, não basta ser escrito por Álvares de Azevedo, nem ter sido composto na primeira metade do século XIX; tem de atender às características próprias do que convencionou-se chamar Romantismo – uma série de características próprias do que é romântico, que não caberiam explicar neste ponto, mas que vale retomar num outro momento.

Logo, todos os textos escritos na primeira metade do século XIX que atendem a uma certa característica estrutural e de conteúdo pertencem ao Romantismo.

Mesmo havendo poemas que podem ser considerados românticos nos dias de hoje não são do Romantismo, porque este movimento teve seu início e fim há algum tempo.

Tanto o Romantismo quanto seu antecessor o Arcadismo, ou seu predecessor Realismo tiveram seu início e ocaso e nada impede os estudiosos do texto literário classificarem algo feito hoje como neo isso ou neo aquilo.

De fato, já houve algo chamado neo-realismo, este é um dos nomes pelo qual é conhecido o regionalismo de 1930, com livros como "Vidas secas", de Graciliano Ramos e "Capitães da areia" de Jorge Amado. Claro, com algumas características próprias e outras semelhantes às do movimento literário de Machado de Assis.

Indo mais a fundo dá pra perceber que existe alguma regularidade entre as mudanças de uma época a outra, como num movimento pendular em que muita coisa é alterada, mas a espinha dorsal continua a mesma. Mais ou menos assim de forma cronológica: o Trovadorismo é basicamente um movimento emocional e subjetivo, o Classicismo racional e objetivo, depois o Barroco emocional e subjetivo, o arcadismo racional e objetivo, o Romantismo muito emotivo, o Realismo objetividade ao extremo e muita racionalidade, o Simbolismo subjetivo e com muita emoção como respostas para as contradições da alma humana, o Modernismo como um grito louco, mas ainda assim racional...

Depois somos nós. Sim. Restou para nós a subjetividade e a emoção.

É claro que nada disso é livre de erros, mas quando se estuda uma ciência humana é necessário observar as regularidades e perceber que em certos aspectos não somos muito diferentes dos amigos que lançaram velas ao mar e gritaram "Terra à vista" ao chegar na costa da Bahia. E tem mais, especular sobre o futuro tem disso: a chance de errar é enorme e não se pode temer.

Somos, segundo este movimento pendular, que ora vai para um extremo racional, ora pra outro emotivo, ora de uma objetividade ímpar, em outros momentos de uma subjetividade atroz, somos segundo isto fadados a vagar pelo campo da emoção. Não ligamos muito para as consequências objetivas de nossas atitudes. Que se dane a realidade.
Será?

Será que hoje a maioria dos livros escritos procuram tratar de assuntos que envolvem a emoção, de forma a atrair nossos sentimentos mais recônditos e não temos paciência para a leitura extensa de descrições exatas e objetivas da realidade?
Será que atualmente somos levados a pensar com nosso coração e não com o cérebro?
Sim. Exatamente assim.

Somos o suprassumo da subjetividade humana. Em nenhum outro momento da história da humanidade as pessoas estiveram tão voltadas à realização dos próprios desejos, à satisfação dos próprios prazeres. Os livros, filmes, músicas, obras de arte estão todos voltados para isso e assim o fazem porque estão engendradas neste mecanismo subjetivo e emocional chamado século XXI.

Basta reparar como os filmes de maior bilheteria são um apanhado de cenas de explosão do primeiro ao último take.

Também os livros envolvendo esoterismo, sexo, espiritualidade, bruxaria como os mais lidos em qualquer lista de best seller: bruxos, vampiros, doentes terminais, conversas com espíritos, teorias da conspiração, nada que resista a uma leitura criteriosa e científica. E não aplico a esta análise nenhum juízo de valor, apenas constatação simples após leitura da realidade.

E por que lemos livros assim, assistimos a filmes explosivos, ouvimos canções no mesmo molde? Resposta: somos frutos do meio.

A arte está retratando o nosso tempo e não o oposto. O rabo não está balançando o cachorro. Estupidez pensar que as pessoas estão sendo "subjetivizadas" pela mídia.

Os meios de comunicação estão dando para o público o que ele deseja.

E com o parágrafo anterior introduzi um novo coeficiente ao debate: os meios de comunicação.

Nunca na história da humanidade os veículos de comunicação estiveram tão interligados a ponto de o que acontecer neste instante numa pequena província do interior da China ter repercussões imediatas minutos depois em qualquer lugar do mundo ou no mundo inteiro.

Pode ter acontecido a este movimento pendular da literatura o mesmo que ocorreu à cilada Malthusiana. Explico: Thomas Malthus estabeleceu um critério de pesquisa para explicar o motivo que levava a população mundial a passar por períodos de fome seguidos por períodos de fartura. Segundo ele as pessoas se reproduziam, comiam muito e faltava comida. Depois, esgotavam os recursos alimentares por haver muita gente no mundo se alimentando e passavam fome por não ter comida para todos. Morriam de fome em meio a crises de abastecimento que eram comuns no passado. Como num círculo para lá de vicioso.

O século XX rompeu com isso quando os agrotóxicos foram inventados. A cilada malthusiana é coisa do passado, ao menos por agora.

O mesmo pode ter acontecido com a estrutura pendular da literatura em que um movimento basicamente emotivo dá a vez a outro racional. A estruturação da indústria cultural, veículos de informação de massa, pasteurização e profissionalização da produção artística, enfim, tudo isso pode e deve estar nos levando, depois de séculos, rumo a algo novo, algo desconhecido.

Daí então não estamos fadados à subjetividade e emoção como neorromânticos. Seríamos o rabo de alguma coisa velha ou a cabeça de outra totalmente nova. Seria a modernidade líquida descrita por Bauman. Ou alguma outra coisa citada por outro alguém.

Mas não podemos esquecer do mais importante nesse papo todo: tudo isso não passa de mera especulação.

Isso porque não sabemos ainda o nosso lugar no mundo. A nossa dimensão.

Não dá pra saber a menos que passe algum tempo e percebamos que algo novo surgiu a partir do feito anteriormente, ou sei lá. Basicamente um dia as coisas parem de ser as mesmas e depois alguém se debruça sobre isto e zás... Eis uma nova escola literária.

E por que os estilos mudam? Como mudam?

Então acredito que esta seja a resposta mais simples.

O jeito de fazer literatura e arte se modificam porque as pessoas enjoam da mesmice, ou simplesmente desejam fazer algo diferente do já estabelecido.

Imagine o movimento Barroco, por exemplo, com seus exageros, morbidez, sangue, dor, dúvidas, sofrimento, jogos de palavras, escuridão, discurso labiríntico. Até que alguém algum dia resolve fazer algo diferente (às vezes esse diferente sempre esteve lá, mas como todos só queriam Barroco, nunca ligaram praquilo).

Até que alguém pendura na parede um quadro com folhas e plantas, flores, um rapaz sorrindo, o que dá a ideia para um poema que não envolve sangue e dor e faz tanto sucesso que alguém copia o estilo e outro e outro e outro também, e temos o Arcadismo. Assim mudamos.

Como você de saco cheio de ouvir a música do seu pai procurando por uma solução, porque você adora música, mas odeia as do seu pai.

Resta a nós saber quando as pessoas ficarão esgotadas de assistirem a filmes de super-heróis, cenas de explosão, músicas sensuais, quebra da quarta parede. Quando este momento chegar estaremos dentro de alguma outra coisa. Melhor? Não mesmo. A qualificação aqui não tem a menor importância, porque cada estilo de época é uma resposta para problemas, aflições, angústias próprias de cada período.

Não cabe a ninguém lamentar um ou outro momento histórico por sua forma de expressão, quanto mais o nosso. Ainda mais quando temos a oportunidade que nenhuma outra época teve: o poder de compartilhar pensamentos, criações e sonhos através do único mecanismo de publicação artístico de duas vias inventado na história da humanidade: a internet. Com mais esse coeficiente nesta cilada pendular, impossível prever o futuro. Ainda mais porque hoje já existem pessoas querendo prever o presente, enquanto outras nem lembram que houve um passado.

O que é e por que estudar o Parnasianismo?

Quando alguém me diz que foi a um restaurante francês tenho a impressão imediata de que essa pessoa tem um gosto refinado, é inteligente, sofisticada e acima de tudo, tem algum dinheiro sobrando.

Há muito a França nos interessa, uma espécie de fetiche da nossa sociedade, almejando pelos prazeres parisienses. Aqui em São Paulo tem um bairro chamado

Campos Elíseos, tradução livre de Champs-Élysées, famosa avenida francesa. Mas nem precisa ir tão longe pra sentir o encanto que a turma de Napoleão nos exerce, batom, sutiã, fondue, lingerie. Algumas palavras nem disfarçam a origem, e pra ser sincero, por que deveriam?

O Brasil desde sempre foi uma cultura de mistura de povos, assim como na Europa, que se orgulha da "pureza cultural" mas que leva em seu DNA um caldeirão despejado de misturas e mais misturas: mouros, francos, bretões, latinos, nórdicos. Assim como nosso tupi, com europeu, africanos e mais e mais e mais. Até alemães e japoneses apareceram por aqui.

Nosso encanto pela cultura francesa foi, ao longo do século XX, trocado pelo apreço pela dos norte-americanos, o que me leva a crer que nós não gostamos da França, mas sim daqueles que impõem sua cultura com mais poder ao longo da história, gostamos do que está em evidência. Então se a França tem influência em minha avaliação quanto a alguém ter gosto refinado ou não, os Estados Unidos da América o têm quando minha avaliação vale para o que é descolado, divertido, moderno.

Logo, eu prefiro usar o verbo deletar mesmo tendo a palavra em língua portuguesa apagar exercendo papel idêntico e com uma letra a menos, o que derruba o discurso da velocidade da comunicação. E outras, afinal, qual vocábulo você encontra em português que substitua vídeo game, console, e algumas patuscadas como pen drive que não se chama assim em inglês, mas flashdrive, ou outdoor que não diz nada a quem conversa na língua da rainha.

É neste debate que gosto de pensar o Parnasianismo. Um movimento que se desenvolveu na França, no Brasil e só. Simples assim: filhos de fazendeiros brasileiros viajavam para a França a estudos entrando em contado com o que havia de melhor sendo desenvolvido em termos de arte, cultura, literatura, pensamento enfim. Pois bem, com o que havia de ruim também, mesmo não pensando que tudo o que há de parnasiano seja mau, na verdade não é, o que peca neste estilo literário é a cópia farsesca que se faz dele no Brasil.

A tentativa de um parnasianismo brasileiro, mas sem nenhuma identificação com a nossa cultura, jeito de pensar, falar e agir. Apropriação cultural? Não é disso que estou falando. Não acredito que seja ruim desenvolver o conceito de poesia como uma joia a ser lapidada e também me admiro com algumas belas composições de Olavo Bilac e dos demais parnasianos. O problema foi que em certo momento da nossa história literária esta passou a ser a literatura oficial. Isto sim o problema. Vou tentar ser mais claro.

O Parnasianismo consiste em valorizar a forma do poema e não seu conteúdo, daí surgem textos racionais, pois são pensados para serem belos. A melhor metáfora vem do mais famoso poema parnasiano "Profissão de fé", nele o eu lírico afirma que inveja o produtor de joias quando escreve e tem nele sua inspiração na composição de seus versos. O ourives escolhe entre as pedras as mais preciosas, lima o ouro, safiras, diamantes. Troque ourives por poeta e todo o material de ourivesaria por vocábulos literários, temos o objetivo do poeta parnasiano. O poeta usa a pena, o ourives o cinzel. O poeta palavras, o ourives, bom, acho que já deu pra entender. Mas vou além.

Por que alguém usa um brinco? Uma joia no pescoço? Uma pulseira? A resposta óbvia: para enfeitar o corpo. Isso mesmo. Da mesma forma que uma joia enfeita o corpo um poema parnasiano enfeita o livro, as festas, as relações amorosas da provinciana classe média emergente paulista e carioca.

Olavo Bilac ficou famoso em seu tempo e junto com Raimundo Correia e Alberto de Oliveira formou o que foi chamado de a Tríade parnasiana. Seria como juntar os Três tenores, ou sei lá, Batman, Super Homem e Mulher Maravilha.

Os poetas escolhiam palavras para gerar uma sensação estética no leitor, mas uma sensação vazia, como um jogador fazendo embaixadinhas acrobáticas e nunca entrar numa partida de verdade.

Bater bola é legal, mas ganhar um título é melhor.

E o que a Tríade Parnasiana fez foi muita embaixadinha: palavras vazias, lindas, mas vazias. Poemas que não se comunicam, mas que eram o sumo da beleza. Tão belo que beirava a cafonice.

Exemplos não faltam para tal como o caso do soneto de Alberto de Oliveira, o "Vaso chinês":

Estranho mimo aquele vaso! Vi-o,

Casualmente, uma vez, de um perfumado

Contador sobre o mármor luzidio,

Entre um leque e o começo de um bordado.

Fino artista chinês, enamorado,

Nele pusera o coração doentio

Em rubras flores de um sutil lavrado,

Na tinta ardente, de um calor sombrio.

Mas, talvez por contraste à desventura,

Quem o sabe?... de um velho mandarim

Também lá estava a singular figura.

Que arte em pintá-la! A gente acaso vendo-a,

Sentia um não sei quê com aquele chim

De olhos cortados à feição de amêndoa.

Divertido pensar que este tipo de poesia teve um bum literário no começo do século XX. Não havia festa sofisticada sem canapés, escargots, caviar e poesia parnasiana recitada pela filha mais velha do dono da recepção acompanhada pelo piano de calda.

O texto parnasiano mais conhecido não foi composto por nenhum poeta da Tríade, foi escrito por Joaquim Osório Duque Estrada e cantado em forma de hino acompanhado pela música de Francisco Manuel da Silva. Sim, o nosso hino nacional é um poema parnasiano.

Inversões sintáticas: "Ouviram do Ipiranga as margens plácidas de um povo heroico o brado retumbante" por que não "Às margens plácidas do rio Ipiranga ouviram o brado retumbante de um povo", ou ainda "Ouviram o grito retumbante de um povo as margens plácidas do rio Ipiranga. Talvez se comunique mais.

Vocábulos raros: lábaro e flâmula no lugar de bandeira, brado em vez de grito, por garrida entenda brilhante e por clava dá uma consultada em algum bom dicionário.
Enquanto os hinos, em geral, servem para motivar e unir a nação em meio a algum evento, uma guerra, um terremoto, a abertura de um evento oficial, o amanhecer da tropa no quartel, uma partida de basquete. O hino brasileiro nasceu com o objetivo de enfeitar, ser bonito, assim como todo texto parnasiano. E é sim muito bonito, mesmo tendo problemas de construção que não caberia aqui desenvolver.

Recomendo o livro "O Xangô de Baker Street" de Jô Soares para uma visão interessante sobre o período histórico retratado aqui. A narrativa acompanha uma aventura do famoso detetive Sherlock Holmes convidado por sua majestade Dom Pedro II para resolver um crime ocorrido no Rio de Janeiro. O crime envolve um violino Estradivários, pelos pubianos, personagens fictícios como o próprio Sherlock e seu inseparável Watson com personagens reais como Dom Pedro II, Olavo Bilac, José do Patrocínio e outros. Porém o que chama a atenção é o choque cultural que o detetive tem com a terra brasileira, não por ser tudo muito diferente, mas porque aqui as pessoas se espelham na Europa em todos os aspectos da vida: roupas, hábitos, comida, móveis. Vale a leitura.

No mais, é interessante conhecer muito sobre o Parnasianismo porque nos leva a entender como em nosso DNA está a admiração pelo estrangeiro, o que em certa medida nos torna tolerantes, mas que em outra nos leva a ignorar as coisas boas que temos ao alcance das mãos.

É este debate que envolve identidade, noções de brasilidade e, é claro, poder, que unirá vários artistas, poetas, músicos, pintores, buscando entender o que havia de Brasil no Brasil e tentando encontrar a nossa própria voz. Nossas próprias letras.

Não há nada de errado de errado em pegar um modelo europeu e aplicá-lo por aqui, inclusive hoje. O grande ponto é fazê-lo em detrimento da própria cultura esquecendo que na literatura, como em todas as demais formas de arte, não basta ter um molde e repeti-lo crendo que assim estará com lugar garantido entre os grandes mestres. Isso valia para Bilac, Correia e Oliveira e também hoje para as novelas da Globo, distopias adolescentes, livros de auto ajuda ou o que for de livro da moda quando da ocasião em que você estiver tendo contato com este ensaio.

Para ser criativo é preciso criar. Para ser arte é necessária muita subjetividade. Os modernistas brasileiros estavam errados sobre muita coisa, mas sobre os parnasianos eles estavam muito mais do que certos.

O Parnasianismo teve o mérito de nos fazer olhar para o espelho e enxergar que poderíamos ser o que fosse, mas continuaremos sendo, acima de tudo, nós mesmos.

Proteção às mulheres

No começo foi pedido que as mulheres evitassem a praia em determinados horários, as próprias acataram a recomendação pois sabiam ser melhor para elas próprias. Certos homens não sabem se comportar perto do sexo oposto, então é necessário tomar muito cuidado e cuidar bem do sexo que não é frágil e merece respeito.

Alguns meses depois uma mocinha muito linda foi atacada num sábado à tarde no ponto oeste da praia, houve muito debate sobre quais razões levaram tal fato a ocorrer, constataram que certos homens não sabem se comportar perto do sexo oposto, então é necessário tomar muito cuidado e cuidar bem do sexo que não é frágil e merece respeito.

A medida tomada foi, primeiro pedir que as mulheres não fossem à praia aos sábados naquele horário, depois que não frequentassem mais àquela praia. Tudo com o objetivo de auxiliar o convívio e garantir a segurança.

Meses depois outras praias seguiram o mesmo modelo e quando alguns grupos feministas passaram a se sentir ofendidos por não terem acesso ao mar em determinados lugares eis que uma ideia maravilhosa ocorreu e dividiram as praias em masculinas e femininas, alguns casais se ofenderam, não poderiam mais surfar e construir castelos de areia juntos, mas sabe como é certos homens não sabem se comportar perto do sexo oposto, então é necessário tomar muito cuidado e cuidar bem do sexo que não é frágil e merece respeito.

No caminho para a praia feminina uma senhora foi atacada, um imbecil passou as mãos em seus seios abrindo margem a um novo debate: o perigo não estava apenas na praia, certos homens não sabem se comportar perto do sexo oposto, então é necessário tomar muito cuidado e cuidar bem do sexo que não é frágil e merece respeito. Os ônibus foram separados, assim como os vagões de metrô, trens, qualquer forma de transporte público.

No dia seguinte a esta sábia decisão governamental uma Inteligência superior percebeu que as mulheres andando de bicicleta poderiam ser interpretadas como um convite a qualquer tipo de assédio, assim como estar numa praia tomando banho de mar, ou quem sabe, sei lá deus, sem companhia no transporte público. As bicicletas foram proibidas às mulheres tudo porque certos homens não sabem se comportar perto do sexo oposto, então é necessário tomar muito cuidado e cuidar bem do sexo que não é frágil e merece respeito.

Voltando pra casa uma senhora foi atacada lá pelas tantas da madrugada e foi o suficiente para um novo debate, este um pouco mais complicado, mas de solução bem mais imediata e sensata: proibiram às mulheres de andarem sozinhas no meio da noite. Tudo bem se acompanhadas por um filho maior de idade, ou pelo marido. Afinal era dever do estado protegê-las e como se sabe certos homens não sabem se comportar perto do sexo oposto, então é necessário tomar muito cuidado e cuidar bem do sexo que não é frágil e merece respeito.

Mesmo assim uma mulher já de idade, ao lado de sua filha foram estupradas por outro imbecil em plena luz do dia no subúrbio de uma grande capital de estado. As autoridades ficaram em polvorosa e muito foi discutido: certos homens não sabem se comportar perto do sexo oposto, então é necessário tomar muito cuidado e cuidar bem do sexo que não é frágil e merece respeito. Às mulheres foi proibido o acesso a qualquer lugar se não estivessem acompanhadas de alguém do sexo masculino, foi difícil isto, algumas se revoltaram, mas o estado precisava protegê-las e garantir sua segurança e bem-estar. Eram chamadas de traidoras, objetificadas e burras.

Um grupo anti-proibição surgiu exigindo que bastava que às mulheres fosse liberado o porte de arma, mas cabe apenas ao estado o monopólio da violência, assim como está na constituição federal, assim como também está que todos têm direito a proteção. O estado deve proteger seus cidadãos e principalmente cidadãs, certos homens não sabem se comportar perto do sexo oposto, então é necessário tomar muito cuidado e cuidar bem do sexo que não é frágil e merece respeito.

Muitas adaptações foram feitas nas rotinas de todas as pessoas: espaços de trabalho divididos, igrejas, calçadas. Proibiram as mulheres de utilizar as piscinas públicas. Teatros segregados, profissões em que as mulheres eram assediadas culturalmente foram proibidas. Certos homens não sabem se comportar perto do sexo oposto, então é necessário tomar muito cuidado e cuidar bem do sexo que não é frágil e merece respeito.

Até que alguém teve uma grande ideia, o problema não era de certos homens, ou de todos os homens. O problema era da mulher que trazia em si a origem de todo o mal. Então as soluções começaram a ser aplicadas, lógico, após muitos debates e deliberações. Foi decidido que toda mulher deveria fazer uso de um lenço na cabeça ao sair na rua e caso não fosse casada ou tivesse filhos também dentro de casa. Isto tudo foi muito bem engendrado e organizado, tratou-se do Plano Nacional de Proteção à Mulher. No segundo ano, após a adaptação ao uso do lenço as mulheres teriam de vestir uma saia comprida que lhes cobrisse os tornozelos, no ano seguinte uma blusa escura levando em conta que os decotes já haviam sido extintos na época da proibição das bicicletas, depois por fim um singelo chapéu que descia do topo da cabeça até o queixo com uma linda rede escura possibilitando que a protegida pudesse olhar o mundo ao seu redor, o tamanho do chapéu aumentaria progressivamente até atingir a altura dos tornozelos.

Após o cumprimento da primeira fase do Plano Nacional de Proteção à Mulher deu-se início a fase dois: proibiu-se que as mulheres cortassem seus cabelos, depilassem suas pernas, usassem perfume e se locomovesse por qualquer lugar desacompanhada.

A fase três do Plano está em debate. Estão debatendo a possibilidade da castração dos genitais femininos. Grupos de defesa dos direitos humanos são contrários a esta atitude exagerada, mas os apoiadores de tal medida nem se lembram mais porque tudo começou e apenas repetem que certos homens não sabem se comportar perto do sexo oposto, então é necessário tomar muito cuidado e cuidar bem do sexo que não é frágil e merece respeito e é obrigação do estado proteger e cuidar muito bem de suas mulheres

Vai dar tudo certo.

Estava em casa terminando meu almoço e o telefone toca com meu amigo Santanna pedindo uma simples ajuda. Uma carona. Estava com dor e precisava ir ao médico. Se eu estivesse disponível seria de grande ajuda.

Dois meses se passaram e sua esposa me telefona no meio do dia, pedindo que eu fosse ao hospital visitar meu amigo porque ele estava muito mal. Três dias depois recebo a notícia de seu falecimento.

Não vou entrar nos detalhes do processo que levou o querido Santanna ao término de seu tempo aqui no plano terrestre. Não sei se seria capaz de escrever algo tão duro. Três meses e meio se passaram e ainda sinto que ele vai aparecer, telefonar e soltar sua metralhadora enciclopédica com assuntos atrás de assuntos, conectando Beatles a Silvio Santos, passando por Genival Lacerda e Iggy Pop.

Esse telefonema não vai acontecer.

Quando cheguei ao hospital em que Santanna estava internado após idas e vindas, de fato ele jamais voltou a sua casa após aquela carona. Ao chegar sabia o que precisava ser feito e como seria difícil aquilo tudo. Como dizer adeus ao maior amigo que alguém poderia ter no mundo. E fazê-lo sem que ele soubesse o que eu estava fazendo.

Até o último instante Santanna acreditou que sairia dali bem, passaria por um tempo se reestabelecendo, travaria uma luta dura contra o câncer e voltaríamos a passar horas e horas e horas conversando generalidades. Santanna foi o maior especialista em generalidades do mundo.

Conheci-o em 1996. Eu com quinze anos e ele vinte. Um amigo em comum nos apresentou e três anos depois eu já visitava-o sozinho, invadindo sua coleção de CDs e biografias de roqueiros, com ênfase nos anos 1950, 1960 e tudo o que era relativo aos Beatles.

Rapidamente nos tornamos uma dupla. Escrevemos um Fanzine bimestral, apresentamos um programa na extinta e pirata rádio Onda Verde FM, criamos um programa no Youtube chamado Drops Rock que nunca deixou de fazer mesmo quando eu não tive mais tempo e/ou disposição, escrevemos um livro sobre rock que nunca publicamos, colaborávamos nos blogs um do outro, faltou ao meu casamento, foi à minha primeira formatura, fomos a dois shows do Ira!, tiramos cem no karaokê cantando have you ever seen the rain, estudamos inglês no finado CCAA do centro de Guarulhos, fundamos um cursinho comunitário, ajudamos a fundar outro, viajamos para lugares estranhos: Galeria do rock e Aparecida do Norte, nos afastamos um pouco quando comecei a estudar Letras e ele Rádio e TV, me convidou para ser padrinho de seu filho, brigava comigo e minha esposa quando não o convidávamos para os rolês, trabalhamos juntos na escola pública, fomos a três aniversários consecutivos dos Falcões Moto Clube de Guarulhos e vimos por três anos seguidos os mesmos shows. Nunca nos distanciamos de fato. Não lembro de ter ficado mais de um mês sem conversar com ele durante todo este tempo.

Brigamos por diversos motivos, mas sempre o telefone disparava e sua voz com um grito de guerra reforçando o "A" do meu nome Maaaaaaaauro...

Difícil resumir uma amizade assim.

Quando um amigo tão amigo se vai, vai com ele uma porção de situações que jamais se repetirão. Conversas que nunca mais acontecerão. Segredos que deixam de fazer sentido. Saudosismo compartilhado por duas pessoas ainda é saudosismo, quando se fica sozinho lembrando de situações que aconteceram há dez, quinze, vinte anos algo deixa de ser bonito, passa a ser apenas triste.

Não vou ser piegas. É muito bom lembrar do Santanna: cartunista, radialista, escritor, professor, fotógrafo, intelectual, astrólogo, fã número 1 dos Beatles (notem que é a terceira vez que cito Beatles nesta crônica (quarta porque acrescentei mais um nesta linha)). Como ainda dizia, é muito bom lembrar do Santanna, mas é muito ruim saber que aquela carona foi o último favor que me pediu, que não vou mais telefonar para ele no meio da tarde chamando-o para vir em casa tomar um café ou uma cerveja e conversar trivialidades: livros, filmes, desenho animado, rock, pop, TV, política, comportamento, tudo, conversávamos sobre tudo.

A quem estou enganando? Eram monólogos na maior parte do tempo e quem conhecia o Santanna sabe do que estou falando. Ele não parava de falar um instante. E se nunca aprendi a desenhar, escrever, criar trocadilhos, ser tão carismático, tentando imitá-lo aprendi a ser um pouco mais falastrão, tornei-me quem sou.

Perto dele eu era um mudo. Mas era muito bom estar em silêncio e aprender com quem sabia mais sobre muito e quase tudo, e com a humildade de falar que era eu o intelectual. Se há algo de intelectual em mim é porque ao ler seus textos, ver seus desenhos, ouvir seus discos e seus monólogos me deixei influenciar tanto pela figura do Fábio que devo muito do que sou a estes vinte e três anos de convivência.

A última frase que me falou quando nos despedimos na UTI em que ele bem debilitado esperava o momento de poder voltar para o quarto, ou ser transferido para um outro hospital mais especializado foi: "Vai dar tudo certo!"

Eu concordei e disse que tudo daria certo.

Três dias depois nossa amizade mudou de plano. No dia seguinte foi a coisa mais difícil pela qual passei na vida e também não quero me aprofundar sobre isso. E se escrevo sobre o Fábio é porque sempre que algo está apertando aqui dentro, escrever me ajuda a organizar as ideias, escrever me acalma, põe um pouco de ordem no caos.

Na manhã de seu funeral sua esposa perguntou-me qual canção dos Beatles ele mais gostava para o momento de sua despedida. Senti que aquele pedido era uma homenagem ao Fábio e o reconhecimento de sua esposa a minha grande amizade com seu marido.

Quando ouvi George Harrison cantando "Here comes the sun, it's all right... it's been a long cold lonely winter" tive a certeza de que o inverno pode e será muito frio. Solitário até. Mas tenho certeza de que o sol surgirá, enfim, o gelo derrete e o sorriso precisa voltar aos rostos.

Santanna acreditava em outros planos. Eu acreditava em Santanna.

"Vai dar tudo certo."

9 798434 820813